어느 날의 위로

어느 날의 위로

초판 1쇄 인쇄일 2025년 6월 26일
초판 1쇄 발행일 2025년 7월 10일

지은이 이린
펴낸이 양옥매
디자인 표지혜 송다희
마케팅 송용호
교   정 조준경

펴낸곳 도서출판 책과나무
출판등록 제2012-000376
주소 서울특별시 마포구 방울내로 79 이노빌딩 302호
대표전화 02.372.1537 팩스 02.372.1538
이메일 booknamu2007@naver.com
홈페이지 www.booknamu.com
ISBN 979-11-6752-649-6 (03800)

* 저작권법에 의해 보호를 받는 저작물이므로 저자와 출판사의 동의 없이
  내용의 일부를 인용하거나 발췌하는 것을 금합니다.
* 파손된 책은 구입처에서 교환해 드립니다.

어느 날의 위로

이린 수필집

작가의 말

어떻게 살고 싶은지?

어떻게 살아야 제대로 사는 것인지?

음식을 담는 그릇들이 제각기 다른 소임을 가지고 있듯 이 세상에 태어나는 사람에게도 저마다 존재의 이유가 있을 텐데, 꽤 긴 세월을 살았는데 스스로의 존재의 이유를 아직도 잘 모르겠습니다.

지극히 평범한 인생을 살아온 내게 누군가 현재의 삶에서 가장 가치롭고 의미 있게 생각하는 게 무엇이냐고 묻는다면 그것은 책 읽기와 글쓰기입니다. 천부적인 뛰어난 재능이 있는 것도 아닌데….

그럼에도 불구하고, 글쓰기는 내가 누구인지를 알기 위한 지난한 삶의 여정이랍니다.

2025년 초여름의 길목에서
이 린

차례

작가의 말 5

1부 어떤 풍경

삶의 현장 12
눈이 온 뒤 18
어떤 풍경 23
기념일 29
선택의 길 35
어느 날의 위로 41
개 이야기 46
품위 지키기 52
이웃사촌 58
표현의 기술 63
소통 능력 68
동행 74

2부 문, 문, 문

책과 노인　82

점 빼는 세상　87

대보름의 추억　92

문, 문, 문　97

전염병　102

돈의 효용　108

무지와 어리석음　112

유별난 여름을 보내며　117

부끄러움이 사라져 간다　121

짐승만도 못한　126

착시(錯視) 효과　132

욕망에 대하여　137

3부 남아 있는 날들을 위하여

가치 있게　144

사진의 기억　149

추억 속의 아이　154

마음의 지표　160

남아 있는 날들을 위하여　166

걱정과 불안 줄이기　171

스무 살의 실수　177

세월이 주는 소회　183

과거를 지우며　188

저녁 무렵의 회상　193

오르고 싶은 경지　198

4부 커피를 마시며

커피를 마시며   206
자개 문갑   211
분갈이   216
사랑에 빠지기   221
말씨, 솜씨, 맘씨   227
영화에 대한 소견   232
싸움의 정석   238
화려한 사기   244

1부

어떤 풍경

삶의 현장

화요일 일주일에 한 번씩 열리는 장날이다. 손 전화에 있는 날씨 예보를 보니 오후에 비 소식이 있다. 확률이 60%라고 되어 있다. 장이 제대로 설라나? 매일 오전 9시쯤 하는 산책을 좀 당겨 7시 조금 넘어 집을 나섰다. 십여 년이 넘게 장날이면 장을 봐 왔지만 아무것도 없던 인도에 세워지는 가게들이 어떻게 채워지기 시작하는지 궁금했기 때문이다.

사거리를 중심으로 ㅠ자 모양으로 일주일에 한 번씩 열리는 장이긴 하지만 나름 메인이 있다. 즉 중심이 되는 또한 가장 많은 사람들이 찾는 길목, 달리 말하면 장사가 잘되는 길목이 따로 있는 것 같다. 역시 그 길목에 가장 먼저 차일이 쳐지고 좌판이 놓이고 있었다.

허리가 살짝 구부러진 할머니와 머리가 허연 할아버지가 1톤 화물차에서 야채 더미들을 내리는 걸 보며 노구에 힘들지 않을까 염려를 하다가, 그 옆 야채 보따리 몇 개를 혼자서 손수레에 힘겹게 밀고 와 풀어놓는 또 다른 노파를 보며 그래도 부부가 맞잡고 일을 하니 다행이겠다는 눈길을 보낸다.

위쪽으로 조금 더 가니 내가 가끔 다녔던 튀김마차가 인도에 차를 대고 장사할 기구들을 내리는데 주인아줌마랑 같이 짐을 내리는 사람이 젊고 앳된 청년이다. 작년까지도 이모라고 부르는 나이가 든 초로의 아줌마랑 같이했었는데 아들인가? 학업 중인지 구직 중인지 아직 이십 대로 보이는 청년의 현재 상황이 어떤지 몰라도 아들이라면 참 착하고 훌륭하다고 칭찬해 주고 싶다.

이른 시간이라서인지 장의 변두리로 갈수록 아직 비어 있는 곳이 많다. 근데 내가 다니는 과일 아저씨 자리에 못 보던 상인이 짐을 놓기 시작한다. 아, 어쩌나. 혹시 과일 아저씨 자리가 없어지면 다툼이 일어나거나 장사를 못 하게 되는 거 아닌가 싶어 걱정이 된다.

좌판도 없이 그냥 맨땅에 생선 몇 가지를 늘어놓고 파는 노점 앞에 잠깐 멈춰 선다. 부부간인 것 같은데 여인은 주로 생선을 파는 쪽이고 남자는 주로 생선을 손질하는 담당이다. 원래 이 노점은 사십 대의 여인이 혼자서 생선 장사를 했었다. 좌판도 없이 파는 생선의 종류는 두세 종류에 불과하지만 성격이 싹싹하고 생선을 다루는 솜씨가 좋은 그녀에겐 단골이 제법 있었다. 단골이랄 것까지도 없지만 나도 가끔 그녀에게서 생선을 사곤 했다. 혼자 사는 여인인가? 연민의 눈으로 그 앞을 지나며 장사가 잘되길 바랐다.

그녀를 보기 시작한 지 두어 해쯤 지난 어느 장날 웬 남정네가 그녀 곁에 나와 있었다. 처음 무렵엔 남자는 뭐가 쑥스러운지 애매한 표정으로 지나가는 사람과의 눈 맞춤도 피하고 있었다. 여인이 혼자 호객도 하고 생선을 손질하면 남자는 검은 비닐봉지를 벌려서 담는 걸 도와주는 게 다였다. 서너 달이 지나면서 남자가 맡은 임무는 손님이 한꺼번에 몰릴 때면 여인을 도와 엉거주춤 생선을 손질하곤 했는데 보기에 영 시원치 않았다.

그런 그가 늘 마음에 걸려서 그 앞을 지날 때는 그 둘을 유심히 보곤 했었는데, 지금은 손님 응대며 생선 손질을 아주 활발하고 능숙하게 하고 있어서 새로운 생활전선에 잘 적응하고 있는 그가 믿음직스럽다.

다행히 비가 비켜 가나 보다. 점심 후에 다시 장엘 나가 봤다. 나의 단골 과일 가게가 여전히 그 자리에 열려 있다. 아마도 땅에 금을 그어 놓거나 표시를 하지 않았어도 그 영역을 존중해 주는 보이지 않는 암묵적인 약속이 존재하나 보다.

그동안 장을 이용하며 오며 가며 보니 약 칠팔십 퍼센트는 지정 장소를 갖고 있는 고정 상인이 있고, 약 이삼십 퍼센트는 어쩌다 한 번씩 들르는 상인과 계절에 따라 손수 키운 상추며 고추, 오이, 호박 등 소채류를 가지고 나오는 인근에 사는 할머니들이 몇 분 되는 것 같다. 더 분류하자면 부부나 모자간 같은 가족이 같이 운영하는 노점이 약 삼사십 퍼센트 정도로 보이고, 나머지는 혼자서 하는 분들이다. 대개 좌판이 있고 규모가 좀 큰 경우 부부나 가족이 운영하는 것 같다.

장을 보러 다니다 보면 상인들도 두 부류가 있는 것 같다. 노점 장사라서인지 눈보라가 날리거나 비라도 올라치면 그날은 나오지 않는 쪽과 날씨가 어떻든 항상 나와서 그 자리를 지키고 있는 쪽이 있다. 그동안의 경험에 의하면 비교적 고정된 자리를 가지고 있는 상인일수록 어지간해선 자리를 비우지 않는 편인 것 같다.

사람마다 경제관념이 다르고 가치관이 다르니 딱히 다르게 생각할 것은 없겠지만, 아무리 일주일에 한 번씩 열리는 장이라도 단골손님이 있을 텐데 날씨에 따라 나오지 않는 상인이라면 고객과의 신뢰에 흠이 가지 않을까 하는 생각이 든다.

나도 그렇지만 달리 전통시장이 없는 근방의 대다수 사람들은 생선이나 과일 · 야채 · 젓갈 · 반찬 등을 화요일이면 일주일 치를 장에서 구입한다. 물론 근처에 농협하나로마트며 크고 작은 마트가 여럿이지만 과일 · 야채 · 생선은 마트보다 값이 많이 싼 데다 튀김이며 순대, 잡채, 팥죽, 수수부꾸미 같은 먹을거리가 있어서 주전부리도 할 수 있고 작으나마 옛 시절을 느끼게 하는 재미가 크기 때문이다.

살다 보면 매일이 별반 다르지 않게 지나가는 게 다행이다, 감사하다 하는 마음으로 살다가도 어느 날은 어쩐지 모든 게 지루하고 무의미해지는 날이 있다. 만사가 귀찮게 느껴지고 스스로의 존재에 대한 가치마저 떨어져서 이렇게 살아서 무얼 하나 하는 우울감에 빠질 때가 있다.

그럴 때면 나는 장에 나가 돌아다닌다. 백화점에서부터 크고 작은 마트며 동네 편의점까지 먹고 입고 쓰는 것을 살 수 있는 곳은 많지만 장에서 뭔가를 사면서 느끼는 기분은 다르다. 그저 돈을 내고 물건을 구입하는 행위만이 아닌 사람이 살아가는 데 필요한 원초적인 것들을 느낄 수 있다.

한 무더기 일이천 원에 불과한 야채를 팔면서도 풋고추 몇 개 얹어 주는 것 같은 사람과 사람 간의 인간적인 교류는 물론이요 물건 한 가지라도 팔려고 애쓰는 상인들이 풍기는 삶의 의지와 열정이 고스란히 내게 전해져서 나태해졌던 스스로의 일상에 대한 성찰을 하게 된다.

그래서 나는 장날이면 내게 필요한 물건만 사고 발길을 돌리지 않는다. 일부러 난전이 펼쳐진 끝에서 끝까지 장을 둘러보고 사고파는 사람들이 풍기는 마음으로 느끼는 냄새를 맡으며 야채며 과일 등을 사고 마치 시름시름 기운을 잃어 가던 환자가 영양제와 각성제를 맞은 것처럼 내 안에 다시 삶의 열기를 품고 돌아온다.

생은 유한하다. 살아 있는 동안만은 모든 것이 유의미하고 치열하지 않으면 안 된다고 스스로를 담금질한다. 때때로 삶이 무의미하다고 느껴질 때 장터는 내게 삶의 유의미를 일깨워 주고 다시 뭔가를 해야 할 것 같은 체험 현장이 된다.

눈이 온 뒤

뒤적이던 자리에서 일어나 창문의 커튼을 젖히고 밖을 내다본다.

밤사이 눈이 얼마나 내렸는지 창밖의 풍경을 보기 위해서다. 기온이 급강하하고 눈이 많이 내릴 거라는 일기예보와 함께 어제 오후에서 저녁 늦게까지 국토부에서부터 인접 시·군의 행정관서에서 보내 주는 안전 문자를 핸드폰으로 여러 통 받은 참이라 눈이 많이 내릴까 봐 조금 염려를 하고 있었다.

다행히 밝은 햇살이 한가득 마당을 비추는데 푸드득 참새 두 마리가 지붕 위에서 뛰어내리더니 단풍나무 가지로 사뿐히 앉는다. 그제야 건너편 유치원 앞길과 그 옆집 지붕에 내린 눈이 보인다. 어제 오후 부슬거리던 비가 눈으로 바뀌어 내린 건지, 마치 초등학교 아이가 그린 그림의 흰색 크레파스 칠처럼 하얗게 덮이기는 했지만 거뭇거뭇 지붕 색이 보이는 게 그다지 많지 않은 양의 눈을 보며 큰 피해는 없을 것 같아 마음이 놓였다.

이번 겨울 들어 네 번째 눈이다. 이차선 도로의 인도에 접해 있는 집이라 의무적이기도 하고 혹시나 미끄러져 다치지 않도록 사람들이 지나가기 전에 눈을 쓸어야 한다. 현관문을 열고 나가 보니 아주 옅게 덮인 눈이라 안 쓸어도 햇빛이 비치면 금방 녹을 것 같다. 쓸까 말까 조금 망설이다 마음이 편치 않을 것 같아 뒤꼍으로 돌아가 대나무 빗자루를 가지고 나가 쓸기 시작했다.

지난번 눈이 많이 왔을 때는 눈가래를 동원했었는데 오늘은 대빗자루로 쓸어도 될 것 같았지만 성기디성긴 대나무 가지로 만든 비는 생각만큼 깔끔하게 눈이 쓸어지지가 않는다. 할 수 없이 가면서 한 번 오면서 한 번 왕복 두 번씩 쓸었어도 눈의 자국이 조금씩 남았다.

그렇거니 바로 녹아 없어질 거라 생각하고 들어오려는데 옆집 아저씨가 눈을 쓸려 나오셨다. 대문간부터 쓸고 나오시는 아저씨를 보고 인사를 하려다 조금 놀랐다. 아저씨가 눈을 쓸려고 들고 있는 빗자루는 옛날부터 안방에서 쓰던 갈대를 잘 손질해서 단단하게 엮어 색실로 예쁘게 꾸민 방비가 아닌가.

그것도 막 새로 사 온 듯 말끔한 새것이다. 지난번 눈 왔을 때 쓸던 싸리비도 있던데 조금 의아하다.

지금이야 전기를 이용해서 돌리는 진공청소기가 집집마다 집 안 청소를 담당하지만 삼사십 년 전만 해도 집 안 청소는 갈대비가 다 했다. 우리 시골집엔 지금도 집 안 청소는 갈대비로 한다. 내 어릴 적 시골에선 빗자루도 다 담당 구역이 있어서 방과 대청마루를 쓰는 방비가 따로 있고 수숫대를 엮어 만든 부엌과 토방을 쓰는 비가 따로 있고, 싸릿대나 대나무 가지를 엮어 만든 넓은 마당을 쓰는 비가 따로 있어서 제각기 자기 소임을 했었다.

그렇게 알고 살아온 내게 길바닥의 눈을 방 빗자루로 쓸고 있는 게 여간 낯설고 마뜩지 않았다. 그런데 현관 참에서 잠깐 지켜보고 있던 내 눈에 방비로 쓸어내리는 옆집 앞과 방금 대빗자루로 두 번 쓸어 놓은 우리 집 앞이 너무나 대조적이다. 마치 잘 치워 놓은 대청마루처럼 깔끔하게 쓸린 옆집 앞과 대빗자루질이 선명하게 남겨진 우리 집 앞을 보다 얼른 집으로 뛰어 들어와 버렸다. 순간 나도 모르게 내 입에서 튀어나온 말은 "저 집 부인 되게 피곤하겠다."였다.

사실 그동안 나는 옆집 아저씨의 부지런하고 성실한 삶의 태도를 늘 찬양하던 사람이었다. 우리 집 바깥양반과 군대 선후배 사이인 아저씨는 전근이 잦았던 군대 생활에서 정년퇴임을 한 뒤 이곳에 택지를 사서 집을 짓고 정착을 했다고 한다.

집은 아담한 이층집에 대문을 들어서면 갖가지 꽃나무가 어우러져 있고 담장 위에는 크리스마스 즈음이면 작고 예쁜 빨간색의 열매가 열리는 전나무 비슷한 나무가 담을 따라 늘어져 있어서 콘크리트의 삭막함을 덮어 놓았다. 게다가 사람들이 다니는 인도 옆, 두 쪽의 큰 대문 앞으로는 여러 가지 종류의 나무가 심어진 화분이 즐비하게 늘어서 있어서 마치 숲속의 집처럼 사철 초록으로 둘러싸여 있다. 그 많은 꽃나무들과 화분에 때맞춰 물을 주고 전지를 해 주며 가꾸는 아저씨의 손길을 보며 늘 감탄하곤 했다.

그럼에도 불구하고 부지런하고 꼼꼼한 아저씨는 집에서 십여 킬로 떨어진 산동네에 농장을 마련해서 토끼와 닭을 키우고 여러 가지 나무를 재배하고 있거니와 그것도 모자라 가까운 동네 인근의 빈터에 고구마 · 땅콩 · 마늘 · 고추 · 배추 · 무 · 파까지 길러 내어 집에서 필요한 농작물을 거의 자급자족하고 있다.

그뿐만이 아니고 아르바이트로 산불감시원도 십여 년째 하고 계셔서 부지런함과 성실함의 표본과도 같은 분이다. 해서

백수로 날마다 펑펑 놀면서도 텃밭조차 제대로 가꾸지 못하는 우리 집 바깥양반과의 생활 태도를 비교하면서 그 집 부인을 은근히 부러워하기도 했었다.

그런데 오늘 나의 아저씨에 대한 개념이 달라져 버렸다. 하늘에서 내리는 눈의 상태에 따라 쓸어 내는 도구까지 바뀌는 완벽함을 추구하는 분이라며 같이 사는 동거인이 받는 유언·무언의 압박감이 어떨지?

물론 사람마다 가진 가치관과 사고방식이 다르고 옆집 부인을 만나 물어본 적도 없으니 함부로 판단할 일은 아니지만, 과유불급(過猶不及) 지나침은 부족함만 못하다고 했느니, 반백 년이 넘게 살 만큼 살아온 나름대로의 인생 경험이 그동안의 부러움을 한순간에 날려 버렸다.

어떤 풍경

아침 여덟 시 반 현관문이 열리기 무섭게 하나둘 노인들이 들어오기 시작한다.

다른 행정기관처럼 복지회관의 정식 사무 시작은 오전 아홉 시부터지만 아침잠이 없어 일찍 일어난 노인들이 아홉 시가 되기 전에 오는 것이다. 이층에 있는 바둑장기실로 가는 노인 지하에 있는 탁구장과 당구장으로 가는 노인들이 비교적 빨리 오는 축이다. 개중에는 노인 일자리에 참가하기 위해 좀 더 일찍 와야 되는 경우도 있다. 노인복지회관에서 하는 업무에 노인 일자리 소개도 있다.

열 시가 가까워지면 가방을 옆구리에 낀 노인들이 많이 온다. 서예나 컴퓨터, 영어, 일어 태극권, 스포츠댄스, 노래 배우기, 핸드폰 사용법 강의 등 주중에 실시되는 강의는 오전 오후로 나뉘어 있지만 점심을 회관 내 식당에서 해결할 수 있기 때문에 거의가 오전 중에 나온다. 강의 내용은 그때그때 회원들의 선호도에 따라 바뀌기도 한다. 부정기적이지만 자서전 쓰기 강좌도 있어서 일 년이면 두세 사람이 출판비 도움을 받아 자서전을 내기도 한다.

조사는 안 해 봤지만 노인들에게 그중 인기가 많은 강좌는 단연 노래 배우기 강좌인 것 같다. 그것은 노래 배우기 강좌가 있는 요일에는 복지회관 식당이 다른 날보다 훨씬 붐비는 것으로 알 수 있다. 여자 노인들이 주류를 이루는 노래 강좌가 인기인 걸 보면, 한데 어울려 노래를 부르는 것이 노년에 느끼는 외로움의 치유나 일상생활에서 생기는 스트레스 해소에 제격인 모양이다.

노인복지회관에는 점심을 먹을 수 있는 식당이 있다. 자격증이 있는 영양사의 지휘 아래 만들어지는 식사는 위생 관리도 철저하지만 아주 맛이 있다. 매일 메뉴가 바뀌는 것도 장점인 데다 심심찮게 들어오는 기부가 있어서 과일이며 요거트 같은 것도 자주 배식이 된다. 해서 오로지 점심 식사만 해결하기 위해 오는 노인들도 많다. 복지회관에 등록된 회원이면 단돈 천 원에 점심을 먹을 수 있고 회원으로 등록된 사람이 아니면 안 된다. 국가 유공자는 예우 차원에서 무료이다. 점심을 먹으러 들어가다 보면 독거노인들을 위한 도시락도 이곳에서 만들어 자원봉사자들의 손에 의해 배달된다.

노인들이라고 해서 보살핌만 받는 것은 아니다. 의외로 자원봉사자도 많다. 우선 식당에서의 일도 자원봉사자들이 하는 게 여러 가지다. 요리는 전문가들이 하지만 밥 퍼 주기, 국 담아 주기, 반찬 나눠 주기에 각각 사람 손이 필요하다. 반찬도 세 가지니 세 사람이 나눠 준다. 때때로 사회복지학을 전공하는 학생들이나 봉사 점수를 따기 위해 고등학생들이 오기도 하지만 회원들의 자원봉사가 아니면 힘들다.

노인복지회관이 돌아가는 데는 생각보다 많은 인원이 움직인다. 식당을 운영하고 건물을 관리하려면 필수적으로 있어야 하는 인원은 물론이요 여러 가지 강좌가 돌아가려면 전문 강사진이 있어야 하고 노인네들이 모이는 곳이라 간단한 물리치료실이 있어서 치료를 담당하는 요원까지 있다. 때문에 병원에 가지 않고 아예 물리치료실을 제집 드나들 듯하는 노인도 있다. 일 년에 한두 번은 의료봉사단이 와서 안과 검진이나 치아 관리 등 노년에 주의해야 할 의료 상식을 알려 주기도 한다.

사람이 많이 모이는 곳은 어디든 있는 일이지만 노인회관에서도 가끔 예상치 않은 일이 일어난다. 비교적 고령층이 모인 곳이라 오가다 넘어지는 사례도 있고 지하에 있는 탁구장에서

운동하다 미끄러지는 사고도 있고 아주 드물지만 동호인들끼리 말다툼이나 몸싸움이 벌어져서 사무실 젊은 직원들을 난처하게 만들기도 한다. 지갑이나 손전화 같은 물건을 분실하거나 잃어버려서 직원들에게 하소연하기도 한다. 물론 각 실마다 감시카메라가 있어서 그런 일을 대비하는 해결책을 갖추고 있다.

또 하나 특이한 것은 복지관 출입을 확인하는 책상이 작은 진열대가 되어 물건을 파는 임시 가게가 될 때도 있다. 계절에 따라 다르지만 고구마, 감, 야채에서부터 집에서 만들어 온 유자차, 생강으로 만든 편강, 꿀, 떡국떡 등이 봉지 봉지 올라와 있을 때도 있다. 직원들에겐 귀찮은 일일 텐데 노인들이 푼돈이라도 만지려고 손수 만들어 온 것들을 팔아 달라고 부탁을 하면 차마 거절을 못 하는 것이다. 신기한 것은 드나드는 노인들도 그런 것들을 반겨서 잘 사 가는지 비교적 빨리 품절이 된다. 어쩌다 집에서 누렁이가 낳은 강아지가 무료로 분양되는 것도 그 책상 아래서다.

매스컴에서 자주 거론되는 고령사회로 들어섰다는 우리나라 노인 인구의 증가를 노인복지회관에 가면 실감할 수 있다. 내가 나가는 지하 당구장에도 육칠 년 전에 두 대밖에 없던 당구대를 네 대로 늘렸는데도 갈수록 회원 수가 늘어서 한 대에 둘씩 치면 되는데 셋넷씩 쳐도 기다리는 사람이 많아졌다.

직원들한테 들으니 식당에 와서 식사하는 인원도 많아져서 이제는 하루 수용 인원에 제한을 뒀다고 한다. 노인복지회관에 아무나 올 수 있는 것이 아니라 회원이 되려면 일정한 연령을 넘어서야 하고 주소 또한 이 고장에 거주해야 하는 조건이 정해져 있는데도 말이다.

그럭저럭 노인복지회관에 다닌 지도 수삼 년이 되어 간다. 처음엔 내가 노인 축에 속한다는 것 자체가 싫어서 가기를 저어하기도 했고 지인들에게도 노인복지회관에 다니는 것을 말하길 꺼리기도 했었지만 이제는 그마저도 자유로워졌다.

젊은 시절 지위와 명예로 저울질되던 사람과 사람 사이의 관계도 여기에서는 무의미하다. 젊은 시절 한자리했다는 소리를 들었던 이나 그저 저잣거리를 누볐던 이가 스스럼없이 어울리고 이 고장의 특성상 군 출신들이 많아 장군에서 하사관까지 다양한 계급 출신들이 서로 눈치 보지 않고 당구 실력을 겨룬다. 오히려 누군가 전직을 내보이거나 목에 힘을 주려는 기색을 보이면 가차 없이 소박을 맞는다.

노인회관에 나가다 보면 사회적으로 힘깨나 쓴다는 유명 인사들을 비교적 자주 볼 수 있다. 사회적 지위나 권력에서 멀어진 노인들에게 그들이 오는 이유야 좋게 생각하면 우리 고유의 경로의식이지만 선거 때 받는 표가 더 중요할 것이다. 민주주의 사회에서는 역시 집단의 힘이 나쁘지 않다는 것을 저절로 느껴지게 한다.

노인이 되어 간다는 게 내심 서럽고 초라하게 받아들여져 저항할 수 있다면 저항하고 싶은 시기가 있었지만, 늙어 가는 사람들 속에서 더불어 살다 보면 늙음도 어떻게 받아들이고 어떻게 영위하느냐에 따라 저주가 될 수도, 축복이 될 수도 있다는 걸 저절로 알게 된다.

더불어 나이를 먹고 늙어 간다는 게 즐겁거나 부러운 일은 아니지만 무언가가 되기 위하여, 경쟁에서 지지 않기 위하여 기를 쓰고 뛰지 않으면 안 되었던, 젊은 날의 멍에를 벗어 버린 늙음도 쓰기에 따라 과히 나쁘지 않다는 것을 노인복지회관 현관에 서서 보며 알 수 있다.

기념일

한동안 못 만났던 지인을 만나 차를 마시며 그간의 일상들을 나누었다.

한 열흘 서울에 갔다 왔다기에 무슨 일이 있었냐고 물었더니 자신의 손녀딸 일만 일 탄생기념일에 갔다 왔다는 거다. 뭐, 일만 일 탄생기념일? 무슨 그런 기념일이 있냐고 했더니 자신도 이번에 처음 봤다며 손녀가 탄생기념식을 한다고 초대를 해서 아들 부부와 할아버지 할머니인 자기 부부까지 손녀가 사는 서울에 다녀왔다는 것이다. 그래, 기념식을 어떻게 했나 궁금해서 자세히 들어 봤다.

서울에 있는 유수한 대학을 나와 내로라하는 대기업에 다니는 그이의 손녀는 아직 미혼인데, 자신의 탄생 일만 일 기념일에 회사 동료들은 물론이요 학교 동창, 가족 친지들까지 초대했다는 거다. 제법 넓은 장소에 뷔페식 연회장을 차리고 기념

타월과 기념 컵까지 만들어 돌렸다며, 가져온 손녀의 어린 시절 얼굴이 새겨진 기념 컵과 이름이 새겨진 기념 타월을 보여 주었다. 돈이 많이 들었겠네, 했더니 참석한 손님들의 축의금으로 다 해결이 됐다며 자기 손녀 말이 요즘 친구들 사이에 탄생 일만 일 기념 파티가 유행이라고 하더란다.

요즘 젊은이들이 연애를 하면서 만난 지 백 일 기념을 하고 또 그다음 천 일 기념을 한다는 말을 들어 본 적은 있었다. 내가 젊을 적엔 없었던 연애기념일이란 걸 들으면서 참 호사스럽다는 생각과 함께 연애하는 것 자체를 부끄러워하고 주위 사람들이 알까 봐 감추려고 애를 쓰던 지난날들이 뇌리를 스쳤었다. 그런데 이제 생일을 기념하는 것도 모자라 탄생 일만 일 기념일이란 걸 했다니, 그것도 가족이나 주위 사람들이 해 준 게 아니고 자신이 스스로 기획하고 준비해서 했다니 어안이 벙벙하려고 한다.

언제부터 사람들이 기념일이란 걸 만들었을까?

기억 속으로 시간을 돌려 보면 나라가 가난하고 먹고살기도 어려웠던 나의 어린 시절에도 뉘 집 아기 백일 떡이라고 동그란 수수팥떡과 하얀 백설기가 담긴 떡 접시가 온 마을에 돌려지곤 했다. 너나없이 가난하게 살았어도 떡 접시를 받은 이들은 그 접시에 돈 봉투를 올려 보내거나 아기 옷이나 장난감을 선물하며 백일 축하와 함께 아기의 건강을 빌어 주는 덕담을 해 줬다.

지금처럼 아기가 귀하지 않고 한 집에 서너 명에서 대여섯 명이 보통일 정도로 출산율이 높았던 시기에도 아주 가난한 집이 아니라면 아기가 태어나 백일이 되면 백일 기념으로 이웃들에게 떡을 만들어 돌리고 사진관을 찾아가서 여자아기는 예쁜 옷을 입히고 남자아기는 발가벗겨서 고추가 보이는 기념사진을 찍는 게 보편적이었다.

또한 아기가 태어나 일 년이 되면 일가친지를 불러 모아 음식을 나눠 먹고 돌상을 차려 특별한 축하 자리를 마련했었다. 덕분에 1950년대에 태어난 나에게도 백일 기념사진과 첫돌 기념사진이 있어 상상하기도 어려운 갓난아기 적 내 모습을 볼 수가 있다.

자기 아이의 백일이 되면 기념 떡을 돌리는 것은 누가 언제부터 시작했을까? 그전에는 사진이란 게 없었고 조선 시대 말엽에 서양에서 사진 기술이 들어오면서부터일 텐데, 아이의 모습을 담은 백일 기념사진이나 돌 사진은 언제 적부터 일반인들이 찍기 시작했을까?

우리들이 생각하는 기념일을 대강 생각해 보니 백일, 첫돌, 생일, 결혼 등이 언뜻 생각나는 기념일이다. 그런 날들을 우리들은 특별하게 생각해서 가족, 친지, 더 나아가 지인들까지 불러 축하를 해 준다. 그 외에도 바라던 시험에 합격하거나 원하던 어떤 일을 하게 되었을 때, 또는 인생의 통과의례라고 볼 수 있는 각급 학교의 입학과 졸업은 조금 다른 의미로 축하라는 걸 한다고 볼 수 있다.

그중에서도 생일은 나이가 더해 감에 따라 더 특별한 의미를 부여하고 그 해당되는 해에는 잔치를 벌이기도 한다. 사람으로 태어나서 육십 년을 살았다는 의미로 기념하는 회갑을 비롯해 칠십 년, 팔십 년, 구십 년, 백 년을 특별히 기념하기도 한다.

나라에서 기념하는 국경일도 있다. 설이나 추석 같은 명절 말고도 나라의 기원을 기념하는 개천절에서부터 삼일 만세 사건을 기념하는 삼일절, 세계에서 으뜸이라는 한글 창제를 기념하는 한글날, 나라의 독립과 안녕을 위해 목숨을 바친 선현을 추모하는 현충일, 일본의 압제에서 벗어난 광복절 등등…….

그런데 어떤 기념일도 그것에 대한 의미와 가치를 어떻게 두느냐에 따라 기념이 될 수도, 안 될 수도 있는 것 같다. 평균 수명이 오십 살을 채 넘기지 못하던 몇십 년 전만 해도 만 육십

살이 되는 회갑엔 일가친지를 불러 성대한 잔치를 열어 축하를 하는 게 상식이었다. 그 시절 자식이 된 이가 부모의 회갑 잔치를 안 하는 것은 거의 불효로 여길 정도였지만, 평균 수명이 길어진 요즘 회갑 잔치를 여는 것은 시대에 뒤떨어진 일로 생각할 정도가 됐다.

또한 내가 아는 지인 중엔 자신의 축복받지 못한 탄생과 불우한 어린 시절을 보낸 게 한스럽게 생각되어 자신의 생일을 저주받은 날로 생각하고 생일 기념을 한 번도 해 보지 않았다는 이가 있고, 정식으로 일가친지를 모셔 놓고 성대한 결혼식을 했지만 남편 되는 이의 무성의로 결혼기념일을 한 번도 의미 있게 지내보지 않았다는 지인도 있으니 말이다.

하긴 한 민족이 기념하는 나라의 국경일조차 그 시대를 관통하는 사회적인 분위기에 따라 새로 만들어지기도 하고 없어지기도 한다. 달력에 빨간 글씨로 새겨져 대한민국의 기본을 이루는 헌법이 제정·공포된 것을 기념하던 제헌절이 없어지고, 불교 신자들이나 경축하던 석가모니 탄신일이 근래에 빨간 글씨 날짜로 새겨진 것도 시대에 따라 사람들의 해석에 의해 의미와 가치가 달라졌기 때문 아닐까?

언젠가부터 헬조선이니 뭐니 해서 살기 어려운 세상이라는 젊은이들의 아우성이 들리긴 하지만, 자신의 탄생 일만 일을 자축하는 젊은이들이 있는 걸 보면 아직은 우리나라가 살 만한 세상인 것 같아 마음이 놓인다.

선택의 길

　대학을 다니던 손녀가 전공하는 과가 자신이 예상했던 수업들이 아니고 적성에 맞지 않는 것 같다며 휴학을 했다.
　그리고 일 년 정도 틈틈이 아르바이트를 해서 모은 돈으로 두 달여의 해외여행을 하고 돌아왔다. 미국의 친척이 살고 있는 엘에이와 워싱턴을 비롯하여 캘리포니아의 이곳저곳을 다녀 봤다고 한다.
　여행을 다녀온 소감을 물었더니 자신의 영어가 짧아서 미술관, 기념관, 박물관 등을 다니는데 이해력이 떨어지는 걸 실감했다며 영어 공부를 열심히 해야겠다고 한다. 가족들의 관심사였던 학교 문제는 좀 더 자유분방하게 이것저것 하며 시간을 보낸 다음에 생각하겠다면서 다음 계획은 워킹홀리데이로 호주나 뉴질랜드 쪽을 한 일 년 다녀올 거란다.
　마음속으로는 가끔씩 미디어에 나오는 그쪽 워킹홀리데이로

나갔다가 생기는 여러 가지 안 좋은 기사가 떠올랐지만 아이가 워낙 자신의 주관이 뚜렷하면서도 사려가 깊고 행동거지가 신중한 것을 알기에 "그래, 네 뜻대로 해 보려무나." 하고 격려의 말만 해 줬다.

아이는 어렸을 때부터 자신의 주관이 강하고 의지가 굳은 편이다. 초등학교를 거쳐 중학교 때까지 우수한 성적으로 리더십을 발휘해 가며 아이들이 거친다는 사춘기도 별로 티 내지 않고 학교생활을 잘했던 아이가 중학교 졸업을 앞두고 고등학교 진학을 하지 않겠노라고 폭탄 선언을 했다.

아이의 갑작스러운 학업 중단 선언에 가족들은 달램과 협박을 동원해 가며 설득과 회유를 했지만 요지부동이었다. 결국 아이는 고졸 검정고시로 고등학교 학업을 대신하겠다는 제시를 했고, 부모는 거기에 조건을 붙여 일 년 이내에 고졸 검정고시에 합격하지 못하면 다음 해에 정규 고등학교 진학을 하겠다는 다짐을 받아 냈다.

다음 해 아이는 일 년에 봄과 가을 두 번 시행되는 검정고시를 봄에 응시하더니 단번에 합격을, 그것도 우수한 성적으로 해 버렸다. 그 후 아이는 약 삼 년간을 자신이 좋아하는 글을 쓰고 그림을 그리고 책을 읽고 호신용으로 배우는 태권도를 하며 유유자적 지냈다.

삼 년이 다 되어 갈 즈음 가족들의 대학 진학 권유에 뜸을 들이더니 자신이 나중에 하고 싶은 것이 연극이나 영화의 연출이라며 어느 날 방송대 미래영상학과에 합격했다고 알려 왔다. 할미로서 기특하고 반가워서 축하의 말과 함께 학기 수업료만큼의 장학금도 전달을 했었다.

엊그제 오랜만에 애들이 집에 놀러 왔다. 손녀에게 어떻게 지내는지 궁금하기도 해서 워킹홀리데이 갈 준비는 하고 있는지 물었더니 그동안 곰곰이 자신의 성향과 성격, 좋아하고 잘할 수 있는 적성 등을 분석해 보니 그쪽은 자신에게 안 맞는 것 같단다. 그래서 우선 자신이 좋아하고 잘할 수 있는 글쓰기와 그림을 그리는 것을 열심히 하고 가능하면 책도 한번 내 볼 생각이란다.

그사이 목표가 달라진 아이의 말을 들으며 스스로 자신에 대한 분석과 성찰을 게을리하지 않고 성숙해지려는 의지가 보이는 것 같아 기특하고 대견스러운 마음이 들었다. 아울러 생각하는 것과 행동하는 것에는 괴리가 있을 수 있으며, 아직 어리니 책을 통해서 많은 것을 접해 보고 이것저것 경험을 쌓아 가며 진로를 설정해 가는 것이 좋을 거라는 조언을 해 줬다.

며칠 전 벚꽃이 눈보라처럼 날리는 한적한 산책로를 걸으며 내가 벚나무로 태어났다면 거의 아름이 될 만한 굵기가 되지 않았을까 하고 생각해 본 적이 있다. 그만큼 짧지 않은 삶을 이어 왔지만 살아온 날들을 돌아보면 나의 삶의 길은 언제나 조금씩 어긋났던 것 같다.

이 세상에 태어나서 살아가는 모든 사람들의 인생처럼 내게도 선택의 순간들이 있었는데 지나온 삶의 굽이마다 내 앞에 펼쳐졌던 여러 갈래의 갈림길에서 나의 선택은 어땠는지? 내가 잘할 수 있는 내가 좋아하는 길을 선택하기보다는 쉽고 빠르게 갈 수 있는 길만을 허둥지둥 걸어오지는 않았는지?

손녀가 보여 주는 자신의 길에 대한 당찬 의지를 보면서 잠깐 자성의 시간을 가져 봤다. 자의에 의하건 타의에 의하건 스스로에 대한 충분한 탐색과 숙고의 시간을 갖지 못했으니 말이다.

사람마다 주어진 분복이 달라서 내게 주어진 환경이나 조건이 손녀보다 훨씬 열악한 시대를 살아왔다고는 하지만, 나 자신에 대한 분석과 성찰이 부족하지 않았었나 싶다. 때문에 누군가가 가리키는 대로 아니면 주어진 여건에 따라서 살아왔을 뿐, 자신에 대한 깊은 사유에 의해 스스로를 선도해 가는 삶은 못 산 것 같다. 독서를 통하여 예부터 예술, 문화, 과학 등 위

대한 사람들의 삶의 궤적을 살펴보면 오랜 기간 다양한 시도를 했으며 스스로에 대한 탐색하는 기간이 있는 것을 보면서도 말이다.

물론 보통 사람이 한생을 살면서 하고 싶은 것만 하고 살 순 없다. 따라서 누구에게나 가지 않은 길이나 어쩔 수 없이 못 가 본 길이 있을 것이다. 그러나 스스로의 선택에 의해 가지 않은 길에 대한 미련이나 회한보다는 어떤 이유가 됐든 못 가 본 길에 대한 아쉬움과 후회가 훨씬 크지 않을까 싶다.

생각하면 일반적이고 보편적인 보통의 삶을 살고 있는 사람들에게 동시대의 관습이나 문화 또는 사회 전반에 흐르는 가치의 척도를 도외시하기는 쉬운 일이 아니다. 따라서 남다른 길을 갈려면 자신에 대한 깊은 성찰과 이해는 물론 굳은 의지와 용기가 필요하다.

남에게 보이는 학벌이나 사회적 가치 판단을 따르기보다는 스스로에 대한 사려 깊은 판단과 그 판단에 따른 길을 가려는 손녀에게 어떤 식으로 도움을 줄 수 있을지 생각해 봐야겠다. 어쩌면 그 애의 선택이 보편적인 길보다 더 어렵고 힘든 길이 될 수도 있으리라. 하지만 그 길에서 얻을 수 있는 삶의 경험과 지혜 또한 남다르고 값진 것이 되지 않을까 싶다.

이제 사회에 발을 내딛는 아이에게 스스로 선택한 길이 쉽고 평탄할 수만은 없을 것이다. 삶의 굽이마다 부딪치는 어려움과 고난을 헤쳐 나갈 수 있는 현명함과, 실질적이고 적절한 행동이 함께하기를 마음으로 응원하며 말하리라.

"아이야! 네가 가고 싶은 길을 가거라".

어느 날의 위로

 기분이 울적하다. 땅에 떨어져 이리저리 부딪친 사과처럼 마음이 버석버석하다. 어쩌면 마음 한 귀퉁이가 떨어져 나간 것처럼 가슴속이 헛헛하다. 바닥에서 한 자쯤 떠 있는 공허한 느낌과 뭔지 내 자리가 아닌 남의 자리에 잘못 앉은 듯 불안하고 초조한 이 마음은 어디에서 연유한 것일까. 만사가 귀찮아서 꼼짝 안 하고 자리에 누워 뒹굴거리다 오늘이 장날이라는 생각이 났다. 조금 늦었지만 장에나 가 볼까.
 마음이 울적할 때나 심심할 때 장터를 찾아보는 습관이 있다. 일주일에 한 번씩 서는 장이지만 건어물·젓갈·반찬·생선·과일·야채·옷·이불·그릇·액세서리·어묵·떡볶이·순대·튀김·호떡·도넛·뻥튀기 장사까지, 어지간한 재래시장 못지않게 풍성하다.
 장터마다 돌아다니며 장사를 하는 장돌뱅이 장사꾼에서부터 텃밭에서 키운 나물거리며 채소를 들고 나온 인근의 시골 할머니들이 하나라도 더 팔아 보겠다고 호객을 하는 소리며, 저녁 반찬거리를 장만하러 나온 여인네들의 바쁜 움직임 속에 섞여서 돌다 보면 어지간한 심란함은 사라져 버리곤 하기 때문이다. 나 혼자만 짊어지고 있던 것 같은 고민거리와 속상함도 장터에서 풍기는 삶의 열기와 노력의 현장을 보면 내 등에 업혀 있던 짐이 별것 아니었다는 것을 느끼며 나도 더 열심히 살아야겠다는 마음가짐이 생긴다.

장에 갈려면 현금이 있어야 한다. 언젠가부터 온갖 것을 카드만 갖고 살 수 있는 세상이 됐지만 아직도 장에서는 현금만 통용이 되니 귀찮더라도 돈을 좀 찾으러 우리 집 쪽의 장터 초입에 있는 농협에 들렀다.

"애기 엄마, 이것 좀 맽길 데 없으까?" 소리 나는 쪽을 돌아보니 은행 창구 앞에 웬 호호백발 할머니가 붙어 서서 여직원에게 하는 말이다. 키가 초등학생 정도로 작은 데다 허리까지 약간 굽은 할머니는 어림잡아 연세가 팔십 세는 넘어 보인다. 은행 앞길로 일주일에 한 번씩 열리는 장에 푸성귀를 팔러 오시는 분인 모양이다. 아직 겨울의 꼬리가 끊어지지 않은 초봄의 날씨에 입고 있는 옷도 허술해 보인다.

어리둥절해 있던 여직원이 묻는다. "나물은 다 파셨어요. 다음 장에 쓰시려고요?" "응, 오늘 끌고 다니는 손구루마를 안 가져와서 그려." "그럼 저기 의자 밑에 두고 가세요." 그러자 할머니는 손에 들고 있던 그릇을 고객 대기실 의자 밑에다 조심스럽게 행여 누가 집어 갈세라 잘 감추어 넣는다.

그 그릇은 장터 계란 장수가 계란 삼십 개를 넣는 종이판 대신 계란을 넣어 주는 플라스틱 소쿠리 네 개였다. 그것도 낡고 지저분해서 길거리에 그냥 놔둬도 누가 안 가져갈 정도로 해진 것이다. 내가 계란을 살 때마다 덤으로 생겨서 모아 뒀다가 계란장수에게 도로 챙겨다 줘 버리는 그 소쿠리가 저 할머니에게는 나물 장사에 필요한 소중한 그릇이라는 깨우침이 내 마음을 때렸다.

그리고 어찌 보면 시집도 안 간 처녀에게 애기 엄마라고 부르는 호칭이 불쾌할 수도 있고, 장삿집도 아니고 은행에 와서 그릇을 맡겨 달라는 황당할 수도 있는 부탁을 전혀 싫은 내색을 않고 기꺼이 맡기라고 허락해 준 그 여직원이 고맙고 이쁘게 보였다.

실은 그 여직원은 창구 직원 중에 내가 별로라고 느끼고 있는 사람이었다. 얼마 전 통장 발급에 따른 명의 문제로 규정만 내세우며 불친절한 인상을 주었던 아가씨라 내심 별로 탐탁지 않게 생각했었다. 그런데 오늘 초라한 노인에게 그녀가 보여 준 친절함이 못마땅했던 나의 마음을 스르르 녹게 만들었다.

지갑을 여미고 농협을 나와 장터로 들어선다.
북적이는 시장통 생선전을 지나 무·배추·콩나물·풋나물이 펼쳐진 야채전 앞에 털실로 뜬 회색 모자와 회색 승복 차림이 눈에 띈다. 오똑한 콧날, 긴 속눈썹, 꼬막 조개처럼 다문 입술, 갓 익은 복숭앗빛 살갗이 눈에 어린다. 아직 세상의 때가 끼지도 않았을 어린 여승이 공양에 쓸 장을 보러 왔나 보다. 무슨 사연이 있으려나? 속세의 때가 낄 대로 낀 내 눈에 출가를 감행한 여승의 사연이 궁금하면서도 문득 나만 세상살이가 힘든 게 아니라는 깨우침 비슷한 게 밀려온다.
사거리를 지나 장을 끝까지 더듬어 올라가면 버스정류장이 있다. 버스정류장 쪽으로 천천히 장터를 돌던 내 눈에 아까 은행에서 봤던 그 할머니가 눈에 들어왔다. 그런데 그 뒤에는 고교 교복을 입은 여학생이 한 손엔 책을 들고 한 손엔 보따리 하나를 들고 따라가고 있었다. 손녀인가? 어찌 된 일인지 궁금해 뒤를 따라가며 유심히 보니 정류장 앞까지 온 여학생이 들고 왔던 보따리를 버스를 타는 노인에게 내밀고 다시 돌아가는 게 아닌가.

버스에 오르며 연신 고맙다고 치하를 하는 노인의 말을 들으며 길을 가던 여학생이 노인의 짐을 대신 들어다 준 것이라는 걸 알았다. 순간 우울하고 심란했던 내 가슴속에 반짝하고 작은 촛불이 켜지는 것 같았다. 학생 신분에 맞지 않게 화장이나 하고 아무 데서나 비속어를 지껄이는 요즘 아이들에게 실망스러워했던 마음까지 누그러진다.

그렇게 헛헛하고 버석거리던 마음에 다시 진기가 도는 것 같다. 하루 종일 고프지 않던 배가 출출해져서 오랜만에 장터에서 만들어 파는 따끈한 어묵꼬치를 사서 먹었다. 누구에게 위로의 말 한마디 듣지 않았지만 마치 푸근하고 따듯한 손이 내 등을 어루만지며 아직 세상은 살 만한 곳이라고 일깨워 준 것 같아 기분까지 밝아졌다.

장을 한 바퀴 돌아 집으로 오는 길, 식구들 저녁상에 끓여 내놓을 동태 두 마리와 시금치 한 단이 내 손에 들려 있었다.

개 이야기

기르고 있던 개가 죽었다며 울먹이는 목소리로 친구가 전화를 했다.

무슨 병인지 앓기 시작한 지가 근 열흘이 넘었는데도 살려고 안간힘을 쓰듯 먹을 것을 보면 기를 쓰고 기어 와 먹고, 걸어다닐 힘도 없어 마당가에 드러누워 있다가도 주인을 보면 꼬리를 치며 반기던 눈망울이 정말 잊힐 것 같지 않다며 다시는 개를 못 키울 것 같다는 친구의 하소연을 듣고 보니, 나에게도 개에 얽힌 가슴 아픈 기억들이 되살아났다.

이십여 년 전, 서울에 사는 시누이가 키울 곳이 마땅찮다고 보내온 '목화'는 삼각형 귀가 뾰족하게 서고 황갈색의 털이 풍성한, 주택가 골목길 모퉁이에서 쉽게 마주칠 수 있는 보통 개였다.

하지만 영리하면서도 주인에게 충성스러운 것이 순종 진돗개 못지않아서 고향이 진도인 남편이 무척 귀여워했다. 예의 바른 사람 못지않게 먹는 것을 봐도 게걸스럽게 덤비거나 하지를 않고, 주인이 먹을 것을 주고 돌아설 때까지 공손하게 기다렸다 얌전히 먹는다.

또 항상 현관문을 활짝 열어 두고 살아서 언제라도 집 안으로 들어올 수 있지만 함부로 들어오질 않고 문밖에 앉아서 조용히 집안으로 눈길을 주곤 했다. 마치 자신의 분수를 알고 있는 양 어쩌다 술에 취해 들어온 주인이 끌어안고 볼을 비벼도 혀를 내밀어 주인을 핥거나 하는 버릇없는 짓을 하질 않았다.

반면에 낯선 사람이 와서 대문 안을 기웃거리거나 주인이 없는데 모르는 사람이 우리 집 마당에 들어서면 날카롭게 짖다가 경고를 듣지 않을 땐 물어 버리기도 해서 두어 번 사람이 다친 적도 있었지만 그 예절 바름과 충성스러움 때문에 온 식구가 좋아했었다.

특히 집안의 어른인 남편은 어릴 적 고향에서 살 때 아주 영리한 진돗개를 키웠는데, 이름이 누렁이였던 이 개는 집을 지키는 것은 말할 것도 없고 주인이 산에 나무를 하러 갈 때나 논밭에 일을 하러 갈 때는 꼭 앞서거니 뒤서거니 길동무를 하고 다니고, 어쩌다 주인과 같이 산을 두어 개 넘는 마을에 있는 친척 집에 가서 자고 오게 될 경우, 주인이 잠이 들면 밤길을 달려 집에 가서 자고 새벽같이 다시 주인이 자고 있는 집으로 달려오곤 했단다.

이 누렁이가 영리하다고 소문이 나서인지 어느 날 꽤 많은 돈을 주고 산다는 사람이 있어서 팔게 되었는데, 누렁이를 산 사람이 아무리 끌고 가려 해도 으르렁거리며 죽어도 안 가려 하기에 누렁이 앞에서 주인이 그 사람에게서 돈을 세어 받으며 "누렁아 너를 돈을 받고 팔았으니 따라가거라." 하고 타일렀단다.

그랬더니 알아들은 듯 고개를 숙이고 힘없이 따라가더라며 그때 누렁이를 팔아 버린 어른들이 원망스러워 하루 종일 울고 또 울었었다는 얘기를 하면서 남편은 목화가 누렁이를 닮았다고 아주 귀여워했다.

가끔 대문이 열리면 밖에 나가 돌아다니기도 하고 슬래브로 된 옥상에 올라가서 짖기도 하는 목화를 내가 목줄을 매달아 기르자고 하면, 남편은 개에게도 자유를 줘야 한다며 그냥 놓아기르자고 해서 한 번도 목줄을 매달지 않고 키웠다.

그런데 어느 날, 우리 몰래 밖에 나간 목화가 이웃 김장밭에 놓은 쥐약 묻힌 멸치를 먹고 갑자기 죽고 말았다. 쥐약을 먹고 몸부림치는 목화를 끌어안고 어떻게든 살리려 애를 쓰던 남편은, 목화가 죽자 눈물을 흘리며 집 마당 한쪽에 있는 감나무 밑에 고이 묻어 주었고 한동안 온 식구가 목화 생각에 가슴이 아팠었다.

지금 우리 집에 살고 있는 바둑이는 태어난 지 이 개월 때 우리 집에 와서 팔 년이 넘게 산 나이 먹은 개인데, 하얀색 바탕에 갈색의 무늬가 얼굴과 등허리에 균형 잡혀 그려 있고 털은 만지면 폭신하다 할 정도로 숱이 많고 약간 길며 쭉 빠진 다리와 보고 있으면 사색을 하는 듯한 고동색 눈동자와 크지도 작지도 않은 알맞은 몸매에 풍성한 꼬리를 요염하게 흔들 줄 아는 예쁜 암캐다.

대대로 내려오는 족보가 있거나 번드르르한 가문 출신은 아니지만 제 분수를 아는 놈이라 제집이 있는 마당에서 노닐고 함부로 집 안으로 들어오지는 않는다. 우리 집에서는 사람과 개의 영역이 구분되어 있다. 개는 마당에서 쉬고 놀았으며 그곳에 있는 자기 집에서 잠을 자고, 먹는 것도 개 전용 사료나 우리 식구가 먹는 것을 남겨서 먹인다.

우린 털이 없는 사람과 달리 개에게는 천연의 옷인 털이 있다고 생각해서 계절 따라 날씨 따라 집에 넣어 주는 깔개나 덮개가 달라질 뿐 옷을 해서 입히진 않는다. 그래서 따뜻한 날씨에도 모자까지 달린 옷을 입고 다니는 개를 만나면 묻고 싶다. 괜찮은지? 과연 그 옷을 입은 개가 말을 할 수 있다면 뭐라고 할까?

영원한 진리는 없고 사회를 움직이는 어떤 개념이나 가치도 끊임없이 변한다지만 개에 대한 대우가 날로 달라지고 있는 걸 실감한다. 오랜 옛날부터 사람과 가장 가까이 지냈던 동물 중 하나가 개인 것은 사실이다.

하지만 추운 지방의 썰매를 끄는 개나 도둑이나 낯선 사람의 침입을 알리는 집 지키기 개는 물론이거니와 애완견이라 할지라도 대다수 마당에서 먹고 놀고 자던 개들이 거실이나 안방에서 사람과 함께 침식을 같이하는 비율이 아주 높아졌다. 계절에 따라 털갈이를 해 가며 체온을 조절하며 살았던 개가 옷을 입고 다니는 것을 보는 것도 보통이 되었다.

개에게 아들이니 딸이니 사람의 반열에 올려 주는 이도 심심찮게 볼 수 있는 세상이다. 사람이 먹고 남은 음식이나 얻어먹던 먹이도 온갖 영양분이 골고루 갖춰진 사료로 바뀌었다. 애완견으로 불리던 개들이 반려견으로 불리고 견격이 인격만큼 대우를 받는 세상이 되어 간다. 심지어 아직 걸음이 서툰 아이를 태우고 다니는 유모차보다 개를 태우고 다니는 개모차가 더 많이 팔린다니 네발로 잘 뛰어다니는 개에게 유익하기나 할까 싶다.

개에 대한 사람들의 애정만큼 개를 위한 편의 시설도 많아져서 개미용실, 개를 위한 카페, 개 전용 호텔, 개가 다니는 유치원, 개 산책 도우미, 우리가 사는 동네만 해도 애견 동물병원이 서너 군데는 된다. 덕분에 애완동물 용품 산업이 성장을 많이 해서 개 때문에 먹고사는 사람들도 꽤 될 터이니 아주 나쁜 것만은 아닌 것 같은데…….

사람과 개의 격이 비슷해지는 이런 현상이 좋은 것인지 나쁜 것인지 아직 분간이 잘 안 된다.

품위 지키기

필요 이상으로 힘이 많이 들어간다. 움직이는 속도가 일정하지 않다. 지극히 한정된 공간인데 이리저리 삐뚤빼뚤 왔다 갔다 한다. 오른손으로 할 때 부드럽고 자연스럽게 내가 의도하는 대로 양옆으로 위아래로 원활하게 닦을 수 있었던 칫솔질이 대단히 부자연스럽게 움직여서 위아래 어금니 안쪽이 시원스럽게 닦이질 않아 마무리 칫솔질은 오른손으로 끝냈다.

뇌의 우뇌와 좌뇌가 활성화되기 위해서 양손을 번갈아 쓰는 게 좋은데 당장 실천하기 쉬운 게 칫솔질이라는 티브이 출연자의 말을 듣고 당장 저녁 칫솔질을 왼손으로 시작했다.

언제부터였는지? 장수가 축복이 아니라 두려움과 불안으로 다가오기 시작했다. 내 기억에 이삼십 년 전까지만 해도 치매라는 말을 별로 많이 들어 본 적이 없는 것 같다. 그보다는 '저 사람 망령 든 게야.', 누군가 쓸데없는 말을 하거나 해서는 안 될 말을 할 때 어른들이 점잖게 나무라는 말 속에서 망령이라는 말이 늙거나 정신이 흐려서 말이나 행동이 정상을 벗어났다는 뜻이라는 걸 알았었다.

그런데 이제 65세가 넘은 고령자의 치매 환자 비율이 십 퍼센트가 된다고 하니 나이가 먹어 가는 게 두렵고 불안하다. 더 오래 살다 치매에 걸려 추태를 보이고 주변 사람들에 폐를 끼치느니 정신과 육체가 온전하고 적당한 때에 차라리 죽을 수 있었으면 좋겠다는 생각이 들 정도다. 그뿐만이 아니라 언론을 통해서나 치매에 대한 여러 가지 증상과 폐해를 접했던 것이 이젠 주변에서도 자주 쉽게 볼 수 있게 됐다.

얼마 전엔 사십 년이 넘게 친교를 가졌던 지인 부부와 송별연을 가졌다. 태어나 자라고 젊음을 불태우며 일가를 이루어 팔십 년 가깝게 살아온 터전을 떠나는 분의 마음이 오죽하랴마는, 보내는 사람들의 마음도 착잡하기 이를 데 없었다. 정년 퇴직을 하고 자녀들도 다 성혼을 시키고 부부가 같이 낚시도 다니고 여가 생활을 즐기면서 살았는데, 수삼 년 전부터 치매에 걸린 부인을 보살피느라 남편분이 고생이 많았던 것을 알기 때문이다.

그래도 초기에는 웬만한 모임 자리엔 부인을 대동하여 참석도 하더니 점점 부인과 같이하기가 어려웠는지 모임에도 안 나와서 모두들 안타까워했다. 부인의 간병 때문에 주로 자택에서만 생활하고 어쩌다 외출할 때면 부인과 함께 있어도 타인들에게 폐를 끼치지 않는 외딴 낚시터에만 다닌다는 소식을 듣고 있던 참이었다.

그런데 점점 치매가 심해지는 부인을 이제는 혼자 감당하기 힘들어 가족회의 끝에 자식들과 가까운 곳으로 가서 도움을 받기로 했단다. 살던 터전을 옮긴다는 것이 젊은 시절이야 새로운 변화와 새로운 사람들과의 인연 맺기가 호기심과 즐거움으로 다가올 수도 있겠지만, 팔십이 다 된 노인에겐 곤혹이 될 수도 있을 것 같아 염려가 되었다. 부인의 치매만 아니면 남부럽지 않은 노년을 행복하게 보낼 수 있었을 텐데, 지역의 명사로서 많은 지인들과의 인연과 오랜 터전이었던 곳을 버리고 자식들이 거주하는 수도권으로 이사를 간 것이다.

그분들만이 아니다. 당구를 배우러 나간 복지회관에서 만난 멋진 부부도 정들자 헤어졌다. 남편이 오랜 군 생활 끝에 중령으로 예편해서 노후를 이 지방에서 보내기로 했다는 그 부인은, 외모도 예뻤지만 행동거지가 음전해서 누구한테나 호감을 받았는데 어느 날부턴가 혼자서 중얼거리기를 잘했다. 처음엔 옆의 사람들이 약간 이상하다는 느낌은 받았지만 별문제를 일으키거나 하진 않았고, 그 남편도 스스럼없이 아내를 대동하고 복지회관에 나와 좋아하는 강의를 듣거나 구내식당에서 식사를 하곤 했다.

그러나 시간이 갈수록 그 부인의 이상한 행동이 늘어나고 사람들의 시선이 집중되는 사건이 빈발하자, 혼자서는 도저히 아내를 감당할 수 없었던지 복지회관에 발을 끊고 말았다. 들리는 소문으로는 부인을 고향 근처 요양원에 입원시키고 고향 집으로 낙향했다고 한다. 젊은 날 열심히 일하느라, 자식들 뒷바라지하느라, 묻어 두고 미뤄 두었던 노년의 꿈들이 예기치 않았던 덫에 걸려 버린 것이다.

유달리 여성스럽고 조신했던 부인이 품위를 잃어 가는 걸 보는 것도 안쓰러웠지만 자식들도 다 키워 내보내고 적당한 나이에 직장에서 은퇴를 하면, 하고 싶었던 취미 생활이나 하며 유유자적 살고 싶었던 부부의 소망이 예상치 않았던 부인의 치매 증세로 무산돼 버린 상황이 너무나 안타까웠다.

나라고 예외가 되리란 법은 없다. 도처에서 보게 되는 치매의 폐해가 두려워 요즘엔 신문 방송은 물론이요 인터넷에서 나오는 치매 예방법은 모조리 섭렵을 하고 가능하면 따라서 해 보려고 애를 쓴다. 견과류 먹기, 손을 많이 쓰기, 일정하게 걷기, 새로운 것을 찾아 해 보기, 기타 등등······.

인간이 스스로 자신의 존재를 영위할 수 있는 능력을 잃으면 차라리 존재하지 않으니만 못하다는 게 오래전부터의 나의 지론이다. 숨을 쉬고 밥을 먹고 배설을 할 수 있는 상태만으로는 인간의 삶이라고 말할 수 없는 것이다. 정신과 신체가 모두 건강해서 자신의 자존을 지킬 수 있어야 하고, 누구에게도 폐가 되지 않는 삶을 영위할 수 있을 때 존재로서의 가치가 있다고 나는 생각한다. 고로 이 세상을 떠나는 순간까지 인간으로서의 품위를 지킬 수 있기를 나는 소망한다.

죽는 순간까지 자신의 품위를 지키기 위한 첫 번째 덕목은 건강이다. 정신과 육체가 건강하기 위하여 규칙적인 운동과 균형 잡힌 섭생은 물론이요 평생토록 해 온 읽기와 쓰기를 계속할 것이며, 새로운 정보의 습득과 현실을 도피하지 않는 도전 정신을 잃지 않을 것이다.

부모로서의 품위를 지키기 위해 자식에게 손 벌리지 않음은 물론이요 늙을수록 처신을 잘해야 하니 대인관계는 물론이요 어떤 상황에서든 자기감정을 잘 다스릴 수 있도록 노력할 것이다. 삶은 소유할 수 없는 것이라 했으니, 매 순간순간을 최선을 다해 사는 수밖에 없으나 노추나 노욕을 보이지 않고 품위를 지켜 가며 아름답게 늙어 가는 방법을 찾고 싶다.

낙엽이 될 날도 머지않았다. 하지만 기왕에 떨어질 낙엽일지라도 찢기거나 병들지 않은 곱고 아름답게 물든 낙엽으로 떨어지고 싶다. 비록 한창 물오른 시절의 윤기는 없어졌지만 어느 소녀가 책갈피 속에 넣어 잘 말린 단풍잎처럼 곱고 반듯하게 늙고 싶다.

맑고 높은 가을 하늘 아래 산 너머로 떨어져 가는 석양의 아름다움 같은 그런 노년의 아름다움과 품위를 지닌 삶을 살다 갈 수 있었으면 좋겠다.

이웃사촌

하늘이 푸르고 햇살이 화창하니 모처럼 마음이 차분한 날이다.

남쪽으로 난 창문에 드리워진 커튼을 젖히니 방충망 밖에 사마귀 한 마리가 붙어 있다. 기온이 내려간 가을날 쌀쌀한 바람결을 피해 해바라기를 하러 온 모양이다. 며칠 전까지 시원한 아이스 커피를 즐겼었는데, 어느 사이 따뜻한 커피로 바뀐 커피잔의 따뜻한 온기가 좋아서 두 손으로 감싸고 커피 향과 함께 온기를 즐긴다. 인간인 나도 이렇게 기온의 영향을 받는데 점점 더 추워질 날씨를 어떻게 견디나, 겨울을 앞둔 사마귀의 앞날이 염려된다.

내 마음을 아는지 모르는지 따스한 햇볕을 등에 받으며 네 개의 다리로 방충망을 잡고 있던 사마귀가 느긋하게 갈퀴처럼 생긴 두 개의 앞다리로 더듬이를 정성껏 손질하고 있다. 그래,

다가올 앞날을 불안해하고 걱정하면 뭐 하나. 살아 있는 그 순간에 충실하고 잘 즐기는 것이 삶을 가장 잘 사는 거다. 어차피 생은 순간이니까 하는 생각이 들어 사마귀의 앞날을 염려했던 마음이 조금 편안해진다.

밝고 따스하게 비쳐 들어오는 햇살의 양감을 즐기며 불과 며칠 전까지 커튼도 젖히지 않고 햇볕을 피하려 했던 자신의 변신이 우스워진다.

"꼬끼오" 느닷없이 옆집 수탉 소리가 들린다. 새벽을 알리는 소리가 아니라 아직 성년이 되지 못한 어린 수탉이 시도 때도 모르고 목청 다듬기를 하나 보다. 철망으로 엮어진 울타리를 사이에 둔 옆집은 머지않은 사거리에서 약국을 운영하는 집인데 집 옆 빈터에 작은 계사를 짓고 닭을 키운 지가 여러 해 되었다.

재작년인가, 어느 날 우연히 마주친 옆집 부인이 닭 소리가 시끄럽지 않냐고 물어보기에 괜찮다고 했더니 사실은 닭 소리가 시끄럽다고 행정기관에 민원이 들어가서 수탉은 없애 버렸는데 암탉이 알을 낳을 때 내는 소리도 만만치 않아서 바로 옆집인 내가 싫어할까 봐 물어보는 거란다.

누군지 이웃 간에 그 정도도 못 참고 민원을 넣은 야박한 인심도 그랬지만 닭 소리를 규제하는 법이 있나 했더니, 우리가 살고 있는 지역이 가축 사육 규제 지역에 속한다나 뭐라나. 그 뒤 옆집은 계사의 사면을 소리가 덜 나가도록 포장을 치고 앞면의 한쪽 면만 햇볕이 들 만한 유리로 처리를 했다.

꽤 넓은 앞마당을 가진 옆집 부부는 이사 와서 전에 살던 사람이 가꿔 놓은 화단 한쪽을 정리하고 작은 텃밭을 일궈 봄이면 고추, 가지, 오이, 토마토 등 갖가지 먹을거리를 키우기 시작하더니 점점 그 종류가 늘어나 호박, 참외까지 키운다. 해를 거듭할수록 농사에 재미가 붙었는지 작년 가을엔 배추, 무, 파 등 김장거리까지 자급자족하는 것 같더니 올해는 겨울 준비까지 미리 하는지 작은 비닐하우스까지 해 놨다. 덕분에 지난여름엔 울타리를 넘어 우리 집으로 넘어온 오이 넝쿨에서 오이도 두어 개 얻어먹었다.

부부간에 의견이 잘 맞지 않아 같이할 수 있는 것이 별로 없는 우리 부부와 달리, 부부가 주말이면 오순도순 정담을 나누며 풀을 뽑고 식물을 돌보는 모습이 울타리 너머로 보이면 괜스레 내 마음이 훈훈해 온다.

어제 아침이었다. 화단에 풀을 뽑고 있는 나를 보고 울타리 너머로 옆집 부인이 걱정스런 얼굴로 또 물어본다. 봄에 병아리를 몇 마리 깼는데 그중에 수평아리가 있었는지 얼마 전부터 목청 다듬기를 하느라 새벽부터 시도 때도 없이 목청 다듬기를 하는데 시끄럽지는 않냐고. 시끄러우면 수탉을 없애 버리겠다고 한다.

괜찮다고, 나는 새벽 일찍 일어나는 데다 닭이 우는 소리는 소음이 아니라고 생각하니 걱정 말라고 말해 주었다. 기왕에 키우는 닭이니 유정란을 낳아서 먹기도 하고 병아리를 까서 보는 즐거움도 있어야 하지 않겠냐니까 감사하다며 얼굴에 웃음이 돈다.

우리가 사는 곳은 조금만 걸어 나가면 논밭을 바로 만날 수 있지만 반대쪽으로 오 분 정도만 나가면 은행, 우체국, 면사무소, 도서관은 물론 상가 건물이 즐비해서 도시와 농촌의 분위기를 적당히 섞어 놓은 듯한 분위기다. 그럼에도 삭막한 대도시 못지않게 이웃 간의 왕래 같은 것은 별로 없다.

'이웃사촌이 먼 친척보다 낫다.'는 우리 속담이 언제부턴가 사라져 가고 있는 것은 알지만, 직접적인 피해를 주는 것도 아니요 조금만 이해하면 넘어갈 수 있는 닭 우는 소리조차 민원을 넣는 몰인정은 정말 너무하지 싶다. 내가 관여할 일은 아니지만, 닭 소리가 새어 나가지 않도록 휘장을 쳐서 바람조차 시원하게 통하지 않을 계사에 사는 닭들이 안쓰러운 생각이 들고 옆집에 피해를 줄까 봐 염려하면서 닭을 키우는 이웃사촌의 마음이 안됐다.

가을이 깊어 가는가. 선선히 불어오는 바람에 건너편 정자나무 잎들이 수런거리며 한 잎 두 잎 떨어지기 시작한다. 조용하고 한가로운 오후 주인의 걱정스런 마음을 아는지 모르는지 옆집 수탉이 사춘기 소년의 변성기 같은 목청을 다듬느라 시끄럽다.

그나저나 옆집은 우리 집 말고는 삼면이 다 큰길을 사이에 두고 있어서 건너편 집들은 수탉이 운다 한들 그다지 크게 들리진 않을 것 같은데, 전번에 민원을 넣은 이가 이번엔 조금만 너그러이 이해해 줬으면 하는 마음과 함께 옆집 수탉의 안전을 기원해 본다.

표현의 기술

그는 얼마 전부터 사귀기 시작한 그녀가 사랑스럽다. 자주 만나고 싶지만 바쁜 직장 일 때문에 자주 못 보는 그녀에게 때때로 전화와 문자 메시지를 보낸다. 밤늦게 퇴근하는 그녀에게 무슨 일은 없는지, 안전하게 귀가했는지, 안부 인사를 잊지 않는다. 사랑하는 사람 사이에는 그런 관심과 보살핌이 꼭 필요하다고 그는 생각한다.

하지만 그녀에게서는 답장이란 별로 없다. 이렇다 저렇다 아무 응답이 없는 그녀가 괘씸한 생각이 들 때쯤이면 그녀에게서 전화가 온다. 아무렇지도 않게 인사를 하고 데이트를 약속한다. 그의 메시지를 까먹은 것 같은 일은 그녀의 안중에는 전혀 없는 것이다. 그런 그녀의 태도를 그는 어떻게 이해하고 받아들여야 할지 자존심도 상하고 혼란스럽다.

그녀는 친구의 소개로 만난 그 남자가 내심 괜찮다. 외모도 믿음직스럽고 학벌이며 직장이며 가정 환경까지 별로 걸리는 게 없는 데다 능력도 있어 보이는 그가 마음에 든다. 결혼까지도 생각하고 있다.

그런데 비교적 자주 걸려오는 전화와 퇴근 후면 꼬박꼬박 들어오는 '아무 일 없이 잘 들어갔냐?'는 안부 문자는 좀 부담스럽다. 휴대전화를 잘 놔두고 다니는 그녀에게 '왜 전화를 잘 안 받느냐?', '무슨 일이 있었냐?' 묻는 것도 간섭으로 느껴진다. 갈수록 자신의 일상을 지배하려는 것 같고 속박당하는 느낌이 들어서 그와의 교제를 계속해야 할까 고민 중이다.

멀리서도 주인의 모습이 보이면 개는 반가움에 꼬리를 흔든다. 이 층에서 무심히 내려다보는 눈길만 마주쳐도 친애의 표시로 꼬리를 흔든다. 가까이 다가가 쓰다듬어 주기라도 하면 몸을 납작 엎드려 최대한 복종의 표시를 한다. 그렇게 개는 언제나 주인에게 변함없는 충심과 애정을 보인다.

고양이는 다르다. 주인이 나타나도 별로 관심을 나타내지도 않지만 주인이 다가가도 제 기분이 동하지 않으면 꿈적도 안 한다. 그러다 제 기분이 동하면 갸르릉거리며 주인의 다리를 휘감는다. 쓰다듬어 주면 기분 좋게 눈을 감다가도 뭔가 거슬리면 어느 사이 달려들어 날카로운 발톱으로 할퀴어 버린다.

서로의 인사법도 다르다. 개가 앞발을 드는 건 당신과 친해지고 싶다는 표현이고, 고양이가 앞발을 드는 건 너 내 맘에 들지 않으니 가만 안 두겠다는 공격의 표현이다. 이렇게 서로 다른 룰을 쓰는 둘의 동거는 고달프고 괴롭다. 개는 개의 룰을 지키기 위하여, 고양이는 고양이의 룰을 지키기 위하여…….

문제는 개나 고양이처럼 동물의 세계에서만 서로 다른 룰과 상이한 표현 방식을 갖고 있는 게 아니라, 인간세계에서도 서로 다른 룰을 가진 표현 방식이 많다는 것이다. 단어 한 가지를 쓰더라도 어떤 이에게는 욕이 될 수도 있는 게 어떤 이에게는 친근함으로 느껴질 수도 있고, 또 어떤 이에게는 속박으로 느껴지는 행동이 어떤 이에게는 애정이 깃든 보살핌으로 느껴질 수도 있으니 말이다.

그런데 이런 개 같은 아낙과 고양이 같은 사내가, 혹은 그 반대의 성향을 가진 사내와 아낙이 한집에서 몇십 년을 으르렁거리며 복닥거리며 살아 내기도 하는 게 결혼 생활이기도 하다.

다행히 개 같은 사내와 개 같은 아낙이 만나든지 고양이 같은 아낙과 고양이 같은 사내가 만나면 그 집은 비교적 조용하게 산다. 같은 성향을 가진 사람끼리의 결혼 생활은 훨씬 서로에 대한 이해와 수용이 빠르고 안전한 것 같다. 아무래도 같은 언어를 쓰는 동족끼리 의사소통이나 정서적인 교감이 잘되는 것처럼 서로 간의 표현 방식에 대한 소통이나 교감이 잘될 테니 말이다.

이런 의사소통이나 교감은 비단 이성 간에서만 문제가 되는 게 아니라 모든 인간관계에서 매우 중요하다. 사회생활에서도 상대에 따라 좋아하는 표현이나 이해할 수 있는 표현이 다르다. 말하자면 고양이 같은 특성을 가진 사람에게는 고양이가 좋아할 만한 표현을 하고, 개 같은 특성을 가진 사람에게는 그에 맞는 말이나 행동을 할 줄 알아야만 인간관계에 있어서 교류의 폭도 넓어질 수 있거니와 사회생활을 하는 데도 유리할 것이다.

우리의 선조들이 살던 옛 시절에는 보통 사람들이 취하고 행해야 할 예의범절이나 행동규범이 정해져 있어서 그것을 기초로 잘 갈고 다듬어서 쓰면 크게 오차는 나지 않고 사회생활이나 인간관계를 영위할 수 있었다. 그러나 지금은 개성이 각광받는 시대이다. 그만치 저마다 다른 특성과 표현을 하며 사는 시대인 것이다.

요즘 갈수록 결혼을 하지 않는 미혼 남녀가 늘어나는 거나 이혼율이 늘어나는 걸 보면서 그 원인과 이유야 다양하겠지만 어쩌면 서로 간의 특성이나 표현의 방식이 맞지 않음이 큰 원인이 되지 않을까 하는 생각을 해 본다. 상대의 표현 방식이 내 마음에 안 들거나 나의 표현 방식이 상대의 마음에 안 들거나 아니면 서로 간에 상대의 의도나 진심을 잘못 알아듣는다거나 하는 무지와 소통의 부재가 관계의 단절을 만드는 것이다.

점점 고독해지는 현대사회에서 관계의 단절을 맛보지 않으려면 언어도 행동도 내 방식만을 고집하지 않아야 한다. 이성 간이든 친구 간이든 부모 형제 간이든 서로 상대가 알아들을 수 있고 받아들일 수 있는 표현의 기술이 필요하다. 나의 진심과 애정을 상대가 제대로 느낄 수 있을 때, 상대의 진심과 애정도 나에게 올 것이기 때문이다. 아울러 상대의 어떤 말이나 행동이 무엇을 의미하는지, 그것을 이해하고 수용하려고 하는 진심과 노력이 있다면 사랑은 저절로 피어나는 꽃이 되지 않을까.

고양이 같은 여자의 특성을 개 같은 남자가 잘 이해하고, 개 같은 남자가 쳐드는 앞발의 의미를 고양이 같은 여자가 관심과 보살핌으로 받아들이고 애정으로 느낀다면, 마치 이 빠진 동그라미에 맞는 조각처럼 서로 잘 어우러질 수 있을 것 같은데……

소통 능력

연일 한파주의보가 티브이 기상예보로 뜨는 탓에 귀까지 덮는 모자에 목도리까지 하고 나섰는데도 차가운 기운이 옷깃을 파고든다. 군데군데 살얼음이 끼어 있는 길바닥에 미끄러질까 봐 조심스럽게 걸음을 옮기며 버스 정류장 옆을 지난다.

버스 정류장이라지만 변변한 표지판도 비바람을 가려 주는 가림막도 없는, 누군가 갖다 놓은 나무 의자만 길옆에 있을 뿐인 간이 버스 정류장이다. 그도 그럴 것이 딱 한 방향으로 가는 버스가 두어 시간에 한 번 정도 서는 곳이라 평상시에 별로 기다리는 사람이 없는 곳인데 오늘은 몸집이 작은 할머니가 한 분 앉아 있다.

아! 이렇게 날씨가 매운 고추보다 더 매섭게 추운데 버스가 올 때까지 한데서 기다리려면 너무 추울 것 같다. 약간은 안쓰러운 마음으로 그이를 쳐다보며 스쳐 가는데 뜻밖에 들릴 듯

말듯 노랫소리가 들린다. 오래되어 좀 낡아 보이는 회색 점퍼에 손수 뜬 것인지 분홍빛 털실 모자 아래 얼굴을 가린 하얀 마스크 속에서 흘러나오는 가느다란 노랫소리, 그 리듬에 맞춰 조금씩 흔들리는 그이의 몸 사위를 보며 영하 십 도의 추운 날씨를 견디며 한참을 기다려야 하는 지루함을 이기는 그녀의 지혜가 느껴졌다.

그리고 어쩌면 그것은 온몸을 엄습해 오는 영하의 추위 속에 자신의 떨리는 몸과 마음에 보내는 응원과 소통의 방법인지도 모르겠다는 생각이 들었다.

세상살이를 오래 할수록 느끼는 것이 나와 다른 모든 것과의 소통이 내 삶의 흥망성쇠를 가름한다는 거다. 사회 전반과의 소통은 물론이요 이웃과 가족과의 소통, 더 나아가 내 몸과의 소통까지도, 정신적인 소통이 육체적인 것과도 맞닿아 있다는 것을 나이가 먹어 갈수록 깨달아진다. 하루밖에 못 사는 하루살이가 아닌 한 모듬살이를 하는 동물들의 삶에는 어떤 형태로든 소통이 필요하고 그 소통에 능해야만 생명의 길이가 길어질 수 있었을 것이다.

몇 가지 윤리적이고 도덕적인 잣대로 사람과 사람 사이의 옳고 그름이 판가름되고 다수의 일반적인 처세가 소통의 기본이 될 수 있었던 시대에는 관계에 있어서 비교적 소통이 쉬웠던 것 같다. 하지만 문명의 발달에 따른 급격한 사회의 변천만큼 다양성이 존재하는 요즘 사회는 좀 더 세심하고 지혜로운 소통의 능력이 필요하다.

우리들이 일반적으로 알고 있는 윤리나 도덕의 기준이나 옳고 그름조차도 때와 장소에 따라 달리 적용될 수 있다는 것을 이해하고 긍정할 수 있어야 되고, 먼저 상대와 내가 다름을 이해하고 인정해 줄 때 소통이 이루어진다. 또한 나의 지식에 의한 기준이나 생각의 옳음, 또는 감정만 존중받길 바라지 않고 상대의 기준이나 감정도 존중하려는 마음가짐이 있어야 된다.

타인과의 관계에서도 그렇지만 나이를 먹어 갈수록 나 자신과의 소통 또한 지혜와 노력이 필요하다. 현재 자신의 몸과 정신이 무엇을 필요로 하는지, 어떻게 다루어지기를 원하는지를 잘 알아 내야 된다. 시간의 흐름에 비례하는 신체의 변화에는 무심해서 팔팔하고 기운이 넘치던 때의 습관만 고수한다면 결국 몸과의 소통이 원활하지 않아질 것이고, 따라서 정신적으로도 문제가 생길 수밖에 없어진다.

어느 책에선가 갈등하면 모든 것을 잃지만 소통하면 모든 것을 얻는다는 글을 읽은 적이 있는데 살아갈수록 그 말이 맞는 것 같다.

그럼에도 불구하고 사회적인 소통이나 타인들과의 소통, 심지어 가족들과의 소통조차 힘들고 어렵다. 젊은 시절 벽에 부딪치는 것처럼 힘들었던 나와 관련된 모든 관계들과의 소통의 힘듦이 세상살이를 오래 하고 나이를 먹으면 조금 더 수월해지리라고 믿었었는데, 어찌 된 건지 내게는 여전히 어렵고 힘들다.

옛말에 모떡같이 말해도 찰떡같이 알아들으면 된다는 말이 있다(모떡이란 찰기가 없이 좀 거칠고 부스러지기 쉬운 것을 말하고 찰떡이란 곱고 부드러워서 목 넘김이 수월함). 그것은 상대의 태도나 언어가 맘에 들지 않더라도 긍정적으로 해석하면 서로의 관계가 어그러짐이 덜하다는 뜻인데, 그것 또한 의식적으로 마음을 먹고 연습하고 노력하지 않으면 안 된다.

상하 관계나 서열 위주의 규칙과 질서가 소통의 근간이 됐었던 가족 간의 소통도 사회 전반의 흐름에 따라 이제는 많이 달라져서 부모 자식 간의 소통에도 나름 고도의 기술과 지혜가 필요한 시대가 된 것 같다. 그 어느 때보다 빠르게 변하고 있는 사회의 흐름에 맞추려면 내가 배우고 익혔던 기존의 의식 구조를 스스로 변화하지 않으면 시대에 뒤떨어진 불통의 존재가 되고 만다.

문명이 발달하고 모든 것들이 기계화되어 가는 세상에서 기계와의 소통 또한 너무나 필요하고 중요해졌다. 요즘 세상에는 나를 비롯한 대다수의 나이 들어 가는 사람들이 가장 힘들어하는 게 하루가 다르게 발전하는 기계와의 소통일 것이다. 개중에는 일찌감치 소통의 중요성을 받아들이고 노력하는 나이 먹은 사람들도 있지만 그도 쉬운 일이 아니다. 모든 소통에는 부단한 노력과 지혜가 필요하다.

그냥 무조건 데려다 먹이고 예뻐하며 키우던 동물들과의 소통도 시대에 따라 달라졌다. 개와 고양이를 키우는 사람들이 그것들과의 원활한 소통을 위해 노력하고 그것을 도와주기 위한 티브이 프로그램이 한창 인기라고 하니 가히 소통의 시대라고 해야 하나?

하기는 전혀 움직이지도 않고 감정도 드러내지 않는 식물과도 소통은 필요하다. 내가 키우고 있는 식물과도 목이 마른지, 영양분이 필요한지, 햇빛이 너무 많은지 너무 적은지, 끊임없이 애정과 관심을 기울여야 소통이 잘돼 오래도록 같이 지내며 기쁨을 나눌 수 있기 때문이다.

오랜 옛날부터 인간이 사회적인 생활을 시작한 이래로 언제나 소통은 살아가는 데 중요한 덕목이었을 것이다. 그러니 이

미 소통에 대한 유전인자는 우리가 태어날 때부터 보유하고 있었을 것이다. 그럼에도 도덕이나 윤리의 기준조차 흔들리는 요즘 시대에는 사회적 관계는 물론이요 혈연으로 맺어진 관계의 소통도 더욱 어려워지는 것 같다. 과학의 발달과 함께 하루가 다르게 복잡다단하게 변해 가는 사회에서 나와 관련된 모든 관계와의 원활한 소통을 위해 부단한 노력과 지혜로움이 필요하지 않을까 싶다.

동행

 산책길 색색으로 화사하게 피어났던 국화가 사그라져 간다. 오래 입은 헌옷처럼 추레해져 가는 국화가 가을이 끝나 감을 알리는 듯하다. 하긴 약속 시간 십 분 전부터 약속 장소에 나타난 성미 급한 사람처럼 벌써 잎사귀를 다 떨궈 버린 가로수도 여럿이니 가을이 가긴 가나 보다. 동행이라도 하는 듯 초가을부터 흐드러지게 피어 산책길을 장식해 주던 국화의 시들어 감이 기울어져 가는 내 삶의 계절을 알려 주는 듯해 서글퍼진다.
 내가 살고 있는 집 주변은 다른 고장에 비해 인도가 넓고 시원하게 정비가 잘된 데다 가지가 우거진 가로수가 줄지어 있어 한여름에도 걷기에 편리하다. 해서 다리 운동 겸 자주 걷는 편이다.
 오늘도 오후에 습관처럼 가로수 길을 따라 산책을 하던 도중이었다. 네거리 사차선에서 이차선으로 접어드는 길목의 건널목 신호등이 붉은색이다. 주택가로 접어드는 곳이라서인지 마침 대기하고 있는 차도 한 대 없고 그냥 건너가도 될 것 같아 발을 내딛으려는 순간, 건너편에 초등학생으로 보이는 아이가 자전거를 타고 와 멈춘다. 붉은 신호를 보고 규칙을 지키려는 아이를 본 나의 발길도 저절로 멈췄다.

건너가지 말라는 붉은 신호가 건너도 된다는 푸른 신호로 바뀌는 동안 중년의 남자와 이십 대의 여자가 둘, 고만고만한 아이 셋을 거느린 젊은 엄마가 아무렇지 않게 건널목을 건너가는 걸 지켜보는 아이에게 신경이 쓰였다. 분명 저 아이는 붉은 신호등은 건너가지 말라는 교육을 받았을 것이고 지금 자신이 배운 대로 자전거를 타고 휙 지나가고 싶은 충동을 참고 규칙을 지키려고 애쓰고 있을 것이다.

붉은 신호등을 보고도 아무렇지 않게 길을 건너가는 사람들을 보며 그 아이가 무엇을 느낄 것이며, 다음번 똑같은 상황이 됐을 때 아이가 어떤 행동을 하게 될까 싶어 어른으로서 부끄러운 마음까지 들었다. 그 아이와 내가 서로 마주 보는, 그리 길지 않은 시간이지만 푸른 신호로 바뀔 때까지 아이에게 무언의 지지를 보내며 나라도 아이에게 규칙을 지키는 동행이 되고 싶었다.

사람은 혼자 살 수 없다. 어떤 형태의 삶이라도 누군가와 더불어 사는 것이지, 극히 드문 경우를 빼고는 완전히 단독으로 혼자 사는 삶은 없을 것이다. 따라서 사람이 일평생을 살아가는 데 있어서 그때마다 만나게 되는 동행이 얼마나 중요한지 그것은 두말할 나위도 없다.

이 세상에 태어나는 원인이 되는 부모는 인간의 일생에서 첫 번째 동행이 될 것이다. 어떤 유전자를 받는가도 중요하지만 어린 시절 부모와의 관계는 모든 인간관계의 원형이 된다고 한다. 유아기를 지나 청소년기에 받는 교육 현장에서 만나는 선생님들 또한 사제 관계를 맺는 동안은 동행이 돼서 한 사람의 생에 크든 작든 영향을 미친다. 때로는 함께 교육을 받는 친구도 동행으로서의 영향을 알게 모르게 받기도 하는 게 우리들 인생이다.

나이를 먹고 성인이 되면 하게 되는 결혼으로 생기는 동행이야말로 중요하다. 어떤 유형의 동행을 만나느냐에 따라 인생의 길이 달라지기도 하고 행복한 삶이냐 불행한 삶이냐가 결정되기도 하니 말이다.

인생을 여행에 비유하는 경우도 많다. 직업적인 여행전문가가 아니라면 여행 또한 동반자가 필요하다. 패키지 여행이 됐든 배낭여행이 됐든 혼자 가는 여행보다는 동행이 있는 여행일 때 그 여행이 더욱 알차질 수 있다고 나는 믿는다. 단 몇 시간을 가는 기차 여행도 옆자리에 어떤 사람이 앉느냐에 따라 즐거운 여행이 되기도 하고 불쾌한 여행이 되기도 한다.

차나 술을 마실 때도 누구랑 같이 마시느냐에 따라 술과 차의 맛이 달라질 수 있다고 나는 생각한다. 하다못해 클럽에서 한두 시간의 당구를 칠 때도 같이 치는 상대의 매너에 따라 즐기는 정도가 달라진다.

어찌 보면 이 시대를 공유하고 있는 전 세계의 모든 사람들이 동행이 될 수도 있다고 생각한다. 나와 같은 시대를 살고 있는 누군가로 인하여 내 삶이 황폐해질 수도 있으니 말이다. 예를 들면 히틀러가 살았던 시대의 독일 국민들은 히틀러의 잘못된 야망 때문에 세계대전에 뛰어들어 패전국이 된 것만이 아니라 죄 없는 유대인들을 학살한 오명을 뒤집어써야 했다. 수십 년이 지난 지금까지도 그 여파가 남아 있지 않은가.

우리나라도 북한 김일성의 잘못된 판단으로 일어난 6·25 전쟁 때문에 얼마나 많은 사람들이 죽고 다치고 생이별을 해야 했는지? 이 또한 동시대를 같이한 우리 민족에게 아직도 아물지 않는 상처를 줬으니 어찌 생각하면 지금 이 순간 지구라는 세계에 살고 있는 모든 사람들이 동행이 될 수 있지 않을까?

인생의 오랜 기간을 더불어 갈 수 있는 동행이 있다는 건 참으로 큰 축복이다. 방향이 같아야만 동행이 되는 건 아니다. 각자 다른 길을 걷는다 할지라도 서로가 가는 길에 마음으로부터의 지지를 보내 주는 사이라면 그 또한 심정적인 동행이 될 것이다. 좋은 동행이란 내가 지향하는 것을 이해해 주고 배려해 주는 것은 물론, 더 나아가 스스로 발견하지 못하거나 갈고 닦지 못했던 숨은 능력까지도 알아봐 주고 빛날 수 있게 도와주는 이가 될 것이다.

지난날들을 돌이켜 보면 내가 누군가에게 좋은 동행이 되고자 하는 노력과 마음보다는 누군가 나에게 좋은 동행이 되어 주기만 바랐던 것 같다. 또한 미처 몰라서 혹은 하찮은 욕심 때문에 좋은 동행이 되지 못했던 순간들이 많았던 같다.

어떤 것에 대한 욕심도 세월이 지나고 나면 그렇게 욕심내지 않아도 됐었는데 하는 뒤늦은 깨달음이 오고 스스로 부끄러워진다. 내 어리석음과 미욱함으로 부담스럽거나 상처받았을지도 모를 그때의 동행이었던 누군가에게 미안함과 함께 사과의 말을 전하고 싶어진다.

그리고 인생에 있어서 누군가에게 멋진 동반자이자 동행이 될 수 있다는 것은 참으로 보람차고 행복한 일이 될 것이며 내 삶 또한 더불어 빛나게 될 것 같다는 생각을 이제야 해 본다.

2부

문, 문, 문

책과 노인

아침 산책 중에 몇 권의 책을 얻었다. 누군가 종이 상자에 가득 책을 담아 가로수 밑에 내놓은 걸 보고 그중에 몇 권 골라 왔다.

지나간 시절, 책은 어디서나 만나면 소중하고 귀한 친구가 되어 주었고 삶의 지혜와 지식을 가르쳐 주는 스승이었으며 언제까지나 곁에 간직해야 할 애장품이었다. 자신의 집에 책이 많다는 것은 은근히 긍지와 자부심을 갖게 하는 것이었다.

그랬던 책이 언젠가부터 일상의 소비재가 되어 가는 것 같다. 마치 빨간 속살만 베어 먹고 버려지는 수박 껍질처럼, 생일파티가 끝나면 버려지는 케이크 상자처럼 버려진다. 언젠가부터 책을 간직하는 것보다 내놓는 것이 많아지게 된 걸 느낀다. 버려진 책을 보고 아까워하며 탄식을 내뱉는 것도 이젠 다반사가 됐다.

나의 어린 시절엔 책이 귀했다. 집에 책장은커녕 동화책이나 소설책을 단 몇 권이라도 가지고 있는 집도 드물었고, 학교에도 변변한 도서실조차 없어서 교과서 외에 읽을 만한 책을 만나기조차 어려웠었다. 나는 어려서부터 낯가림이 심하고 이웃집에 가서 뭐 좀 빌려 오라는 엄마의 심부름은 혼찌검을 당하면서도 거부하기가 일쑤여서 속을 많이 썩이는 아이였다. 그럼에도 어쩌다 넉넉하게 사는 친구네 집에서 동화책이나 소설책이라도 만나면 그 책을 빌리기 위해 아쉬운 소리를 하고 안 되면 눈치를 봐 가며 그 자리에 앉아 읽어야 직성이 풀렸다.

심지어 결혼을 해서 남편과 같이 처음 보는 지인의 집을 방문했을 때에도 혼자 그 집에 있는 책을 읽느라 대화에 끼지 않고 따로 겉돌아서 남편으로부터 핀잔도 많이 받았었다.

청소년 시절 독서광이었던 나의 가장 큰 소망은 온갖 책들로 빼곡히 들어찬 책장으로 둘러싸인 서재를 갖는 것이었다. 여러 가지 사정으로 변변한 직장 생활도 못 해 본 탓에 그 소망은 결혼을 한 다음에야 조금씩 만들어 갔다. 짠순이라는 말을 들을 정도로 절약하는 성격이지만, 아이들 교육을 위해서나 갖고 싶은 책을 사기 위해 빠듯한 가정 경제에도 할부로 들여놓길 거듭할 만큼 책은 귀중했었다.

글을 쓰기 시작하고 문인협회 일을 맡아 하면서 구십 년대

우리 집에서 가까이 사시던 시인이자 수필가이신 김영배 선생님 댁을 두어 번 가 본 적이 있다. 교직에서 정년 퇴임하시고 전국적으로 문명(文名)을 날리던 선생님의 서재 겸 거실은 켜켜이 쌓인 책들로 성벽처럼 온통 둘러싸여 있어서 갈 때마다 마음속으로 부러움과 함께 감탄을 금치 못했었다. 언젠가는 나도 책으로 가득 찬 근사한 서재를 갖으리라 꿈도 꿨었다.

그런 나의 인식이 바뀌어 간다. 시대가 바뀌고 사회가 변했다. 소설책에서 얻었던 인간사 희로애락의 즐거움이나 백과사전을 뒤져 가며 얻어 내던 학문적인 지식, 사회에서 일어나는 잡다한 정보까지도 손가락 몇 번으로 금방 해결되는 첨단 문명의 이기가 다 해결해 주는 세상이 돼 버린 것이다.

활자로 된 종이책이 존중받지 못하거나 귀히 여겨지지 않는 것처럼 현시대의 노인들 역시 백안시되어 가고 있는 것 같다. 옛날엔 존경하거나 공경해야 할 사람의 나이 듦이 하찮아지고 낡아서 쓸모없음으로 귀착되는 세상이 된 것이다. 그야말로 온고지신(溫故知新)이라는 사자성어의 뜻처럼 옛것을 익히고 그것을 미루어서 새것을 알 필요가 없어진 세상이 된 것이다.

불과 몇십 년 전까지도 인생의 길에서 부딪히는 온갖 어려운 문제를 옛사람들의 지혜를 담은 고전을 통해서 풀어 나가기도 하고, 그것이 어려울 때는 주변의 나이 든 어른들의 삶의 경륜에서 나오는 가르침으로 깨쳐 나가기도 했었다. 해서 학문이나 지식이 대단치 않더라도 오랜 세월의 경험과 경륜이 담긴 나이 듦이 존경이나 공경의 대상이 될 수 있었다. 나이란 지식이나 학문과는 다른 어떤 것이 줄 수 없는 그 무엇을 알게 되는 것이라는 믿음이 있었기 때문이다.

헤아려 보면 한 권의 책이 되어 나오기까지 책을 쓴 저자의 지식과 상념과 고뇌가 들어감은 물론이요 여러 사람의 정성과 손길이 쌓여 있을 것이다. 노인의 나이 또한 지식과 지혜, 그가 살아온 세월만큼의 경험과 경륜이 쌓여 있을 것이다.

그런데 그게 필요 없어진 세상이 된 것이다. 시간이 갈수록 사람들은 찰나에 살고 절정의 순간만을 탐한다. 수만 년 인류사에 없었던 전광석화처럼 변하는 문명의 발전과 세태는 활자로 찍혀 나오는 책이 감당할 수가 없게 되고, 인생을 오래 살아온 이들의 지혜가 낡아 빠진 구습에 불과한 것이 되었다. 시시각각으로 발전하고 변화하는 세상사를 따라가기에 숨이 목에 찰 지경이니, 옛것을 답습하고 전통을 지켜 나가는 것들이 새로운 세대들에겐 버겁고 무의미하게 느껴지게 된 것 같다.

현시대에 필수품이 되다시피 한 손전화기조차 새것으로 바꿀 때마다 기능이 달라지고 목록이 많아져서 어리둥절해지니,

이젠 나이 든 사람이 오히려 나이 어린 사람에게 지식을 빌어야 하는 세상이다. 이렇게 빨리 변하는 세상이 나이 든 사람들을 얼마나 더 가치 없고 무능하게 만들 것인지? 본격적인 고령화 사회가 되어 가는 우리나라의 현실이 두렵고 안타까울 뿐이다.

여기저기서 날아온 책들, 차마 그냥 내보낼 수 없어 머리맡에 쌓아두고 속독으로 읽어 내린다. 다 읽은 책을 간직해야 할 책과 내놓을 책으로 분류해 상자에 담는다. 현관 밖 길가 사람들 눈에 잘 뜨이는 장소에 내놓으며 지나는 누군가의 손에 다시 들려지길 바라는 마음이 간절하다.

점 빼는 세상

거울을 들여다보니 얼굴에 크고 작은 붉은 동백꽃이 수십 송이 피었다.

얼마 동안이나 피어 있으려나? 꽃이 지려면 며칠을 기다려야 하나? 꼭 이런 짓을 해야만 했나, 누가 시켜서 한 것도 아닌데……. 얼굴을 보는 마음이 가볍지만은 않다.

어쨌건 아침저녁으로 정성껏 얼굴을 닦고 병원에서 준 연고와 피부가 재생된다는 크림, 피부가 마르지 말라는 수분크림이라는 걸 열심히 발랐다. 오 일쯤 지나자, 세수를 하는데 레이저로 태웠던 피부 표면이 갈색 껍질이 되어 떨어져 나온다. 세면대에 채워진 물에 묵은 이끼처럼 떠다니는 그것들을 보며 마치 곰팡이가 피어 얼룩덜룩해진 오래된 가죽옷에 전용 크림을 발라 닦아 내던 장면이 연상된다.

껍질이 벗겨졌지만 붉은 반점 같은 자국들이 남아 있어서 점을 뺀 흔적들이 없어지지 않으면 어쩌나 은근히 염려가 되어 먼저 점을 뺀 지인에게 물어봤더니, 햇볕을 쐬지 않도록 주의하라며 시간이 지나야 깨끗해진다나.

기실 젊은 날에는 얼굴 피부보다 별로 마음에 들지 않은 나의 이목구비에 신경이 많이 쓰였었다. 작아 보이는 눈을 좀 크게 하면 좋겠고 코도 좀 더 높았으면 싶어서 은근히 유명하다는 성형외과에 대한 정보를 찾아보기도 했었다. 얼굴에 나 있는 몇 개의 점은 그저 그러려니 했었다.

기억할 만한 일은 그 무렵 자주 만나는 지인 중에 얼굴 한쪽 뺨에 달걀 크기보다 조금 넓은 검푸른 점이 있는 이가 있었다. 적당한 키에 몸매도 예쁘고 이목구비도 오목조목 여성스럽게 생겼는데 뺨에 있는 검푸른 점이 문제였다. 그이는 늘 그 부분을 파운데이션으로 두껍게 발라서 감추려 했지만 완벽하게 가려지지는 않았는데, 어느 날 만났더니 뺨에 있던 그 점이 거의 없어져서 화장한 얼굴을 보면 그전에 뺨에 점이 있었다는 걸 알 수가 없을 정도였다. 참 세상 좋아졌다고 지인들끼리 그녀의 점이 없어진 걸 다들 기뻐했었다.

나의 이삼십 대까지만 해도 점을 없앤다는 건 여간한 용기와 모험이 아니었다. 점도 점 나름이라 스크린에 나오는 미녀 배우들의 콧등에 있는 점은 매력 포인트가 되기도 하고, 애교점이라 해서 입술 왼편 아래쪽에 검정 눈썹연필로 점을 그려 넣는 이도 있었다. 또한 눈썹에 있는 점은 생각을 지혜롭게 해 준다고, 입술에 있는 점은 식복이 있게 해 준다고 귀히 여겼다. 반면에 눈 밑에 있는 점은 눈물을 먹는 점이라 해서 빼야 된다는 속설이 있었다.

내 어린 시절에도 한창 외모에 관심과 신경을 쓸 시기의 동네 처녀들이 독한 빙초산이나 양잿물을 얼굴에 있는 점에 묻혀서 빼는 짓을 하곤 했다. 그러다 잘못하면 얼굴에 흉터를 만들기도 해서 동네에 소문이 나기도 했었다.

옛 시절엔 장수 또는 나이 듦은 축복이자 존재 자체로서의 인정과 공경의 대상이었다. 그러나 이제 세상이 달라졌다. 나이 듦은 물론이요 연륜의 흔적인 주름살이나 주근깨, 반점이 있는 얼굴은 환영받지 못하는 시대가 됐다.

해서 평생 로션 하나 제대로 안 써 봤다는 남자 교수님도 잡티를 빼고 강단에 서고, 우리 가족과 절친한 의사 선생님도 벌써 몇 년 전에 레이저로 얼굴을 다듬어서 십 년은 젊어 보인다. 주변 친구들 또한 하나같이 점이나 잡티는커녕 갈수록 예전보다 뽀얀 얼굴들이 되어 나타난다.

바야흐로 점 빼는 세상이 된 것이다. 사회 전반의 의식의 흐름이나 가치관의 변화에 결코 무심하거나 흔들리지 않을 수 없는 게 보통사람의 삶이라니 마침내 나 또한 스스로 점 빼는 세상에 편승하고 말았다.

젊은 날 거울을 볼 때마다 마음에 들지 않았던 얼굴 생김새보다 언젠가부터 늘어 가는 잔주름과 기하급수로 생기는 점과 잡티가 더 신경이 쓰인 때문이다. 나이를 먹을 만큼 먹었어도, 여성으로서의 매력이나 예쁨에 대한 욕망은 포기했지만 깨끗하고 뽀얘서 조금이라도 젊어 보이고 싶은 얼굴에 대한 자존감은 놓고 싶지 않은 마음이 남아 있나 보다.

험난하고 다채로우면서 단조롭고 찰나에 불과한 인생살이에서 아름다움에 대한 유혹도 있었거니와 인생의 유한함을 절감하며 진작에 떠나가 버린 청춘을 아쉬워하는 마음이 있었음이다. 예쁘다는 소리는 별로 못 들어 봤어도 어쩜 그렇게 피부가 박속같이 하얗냐는 찬사를 들었던 그날들을 되돌리고 싶은 욕심이 속절없을지라도 스스로 나르시시즘에 빠져 보는 것도 나쁘지 않을 것 같다. 한낱 미물인 고양이도 날마다 털 고르기를 하여 스스로 자신의 몸을 깨끗하게 단장하는데, 하물며 만물의 영장인 인간인데 죽는 날까지 의식이 온전히 살아 있는 한 자신의 외모에 신경을 쓸 수밖에 없지 않겠는가 싶다.

자신이 하면 로맨스요 남이 하면 불륜이라더니 지난주 병원에서 점 빼던 날 옆 침대에서 시술을 받는, 파르라니 깎은 머리에 회색 승복 차림의 여승을 보며 모든 욕망을 버리고 속세를 떠나도 억제할 수 없는 욕망이 있으려나 하는 의구심이 들었었는데 뒤늦게 이해가 간다. 저 유명한 미국의 링컨 대통령이 했다는 '자기 얼굴에 책임을 져야 한다.'는 말은 지금 이 시대에 가장 유효하고 적절한 말이 될 것 같다.

살아 있는 한 누가 뭐래도 내 얼굴은 내가 책임져야 되는 것이다.

대보름의 추억

　전래의 우리 명절 중 하나인 정월 대보름은 한자로는 '상원(上元)'이라고 하는데 상원이란 중원(中元: 음력 7월 15일, 백중날)과 하원(下元: 음력 10월 15일)에 대칭되는 말로서 이날은 우리 세시풍속에서는 가장 중요한 날로 설날만큼 비중이 크다. 1월 1일인 설날은 한 해가 시작되는 날로서 당연히 의의를 지녀 왔지만 달의 움직임을 표준으로 삼는 음력을 사용하는 사회에서는 첫 보름달이 뜨는 대보름날이 더 중요한 뜻을 가져온 듯하다.
　농경을 기본으로 하였던 우리 문화에서 달은 생생력(生生力)을 바탕으로 한 풍요로움의 상징이었다. 그러므로 우리나라의 세시풍속에서는 보름달이 가지는 뜻이 아주 강하였다. 정월 대보름이 우선 그렇고 다음의 큰 명절이라고 할 수 있는 추석도 보름날이다.

농경 사회였던 옛날 음양 사상에 의하면 해는 양(陽)으로서 남성으로 인격화되고, 달은 음(陰)으로 여성으로 인격화됐으며 이 여신은 대지와 결합되며, 지모신(地母神)으로서 출산력을 상징하기도 했다. 따라서 정월 대보름의 풍속에는 여신에게 대지의 풍요를 비는 놀이가 주류를 이룬다.

마을 대항 놀이로는 줄다리기, 고싸움, 석전, 나무쇠싸움 같은 각종 편싸움이 있고 지역에 따라 지신밟기, 별신굿, 안택고사, 용궁맞이, 기세배(旗歲拜), 쥐불놀이, 사자놀이, 관원놀이, 들놀음, 오광대놀이 등의 놀음이 있었다. 이외에도 제웅치기, 나무조롱달기, 더위팔기, 개보름쇠기, 모깃불놀이, 방실놀이, 뱀치기 등의 액막이와 기복 행위로서 볏가릿대세우기, 복토훔치기, 용알뜨기, 다리밟기, 나무시집보내기, 백가반먹기, 나무아홉짐하기, 곡식안내기 등을 했다. 또한 새해 농사의 풍흉을 알아보는 농점(農點)을 치기도 했는데 달집태우기, 사발점, 그림자점, 달불이, 집불이, 소밥주기, 닭울음점 등이 있다.

절기 음식도 여러 가지인데 대보름날 아침에는 눈뜨는 즉시 부스럼이 나지 말라고 호두, 잣, 밤, 땅콩 등 부럼을 먹고 온 가족이 모여앉아 귀가 밝아지라고 귀밝이술을 한 잔씩 마시며 약식이나 오곡밥을 해서 아홉 가지 나물과 취와 김으로 부(富)

를 쌈 싸듯이 모으라고 복쌈을 싸서 먹는다.

오늘은 음력으론 정월 대보름이다. 아침에 눈을 떴지만 귀밝이술 하자는 소리도 없고 더위팔기 할 사람도 없어서 더위도 못 팔고 시시한 보름날이다. 그래도 예전에는 정월 보름날이면 세시풍속을 따라서 갖가지 나물이며 오곡밥에 부럼도 준비하고 아이들과 윷가락도 던져 보며 명절 기분을 냈었다.

그런데 이번 대보름은 정초에 다녀간 아이들도 오지 않고 찾아오는 손님도 없는 터수에 혼자 먹자고 이것저것 할 마음이 나지 않아 세시 음식을 아무것도 준비 안 했더니 대보름 기분이 하나도 안 난다. 하루가 다르게 걷잡을 수 없이 변해 가는 현대 사회에서 사라져 가고 달라져 가는 게 어디 한두 가지랴마는 이런 날이면 유달리 아쉽고 그리워지는 게 세시풍속이다.

전쟁의 상흔이 아직 남아 있었던, 하루하루를 살아 내는 게 어려울 정도로 넉넉하지도 풍요롭지도 못하던 60년대, 그 어려운 시대에도 정월 대보름은 먹는 것에 대한 풍족함과 형제들과 이웃들과 어울렸던 세시풍속이 다양해서 재미있게 즐겁게 보낼 수 있었다.

엄마는 별로 넉넉지 못한 살림에도 대보름날만큼은 아침 일찍 우리들을 깨워서 부럼으로 평소에는 귀했던 호두와 밤,

땅콩을 먹이고 오곡밥과 아홉 가지 나물로 아침 식사를 차리셨다.

　우리들은 눈을 뜨자마자 누구에게 질세라 형제간에 서로 더 위팔기를 하고 낮에는 친구 집을 돌아다니며 오곡밥을 얻어먹었다. 여러 집 밥을 먹어야 좋다는 풍습에 따라 친구들과 어울려 이 집 저 집 돌아다니며 먹었는데, 이날만큼은 어느 집에서나 싫은 내색 없이 밥상을 차려 주었다. 평소에는 친구 집에서 놀다가도 그 집에서 음식을 먹을 준비를 하는 것을 보면 즉시 우리 집으로 돌아와 버리는 새침데기였던 나도 보름날만큼은 스스럼없이 즐겁게 친구들을 따라다니곤 했다.

　오후가 되면 뒷동산에선 하늘 높이 가오리연, 방패연을 비롯 크고 작은 연들이 하늘에 띄워지고 바람을 타고 날아다니던 연들의 싸움이 벌어지면 어른 아이 할 것 없이 흥미진진하게 관전을 한다. 연례적인 이날의 연싸움을 위해 오빠는 며칠 전부터 동네 아이들과 사기나 유리 조각을 가루로 만들어 버무린 풀을 실에 바르는 작업을 했었다. 이쪽 연과 저쪽 연의 실과 실이 맞물려 비벼 대며 돌아가다 한쪽 연의 실이 끊겨서 하늘 저 멀리 날아가 버리거나 땅에 떨어져 버리면 아이들은 탄성을 지르곤 했다.

　해가 서산으로 기울어 갈 즈음이 되면 동네 청년들은 마을의 공터에 달집을 만들기 시작하고, 사내아이들은 깡통을 구해다 못으로 구멍을 뚫어 쥐불놀이 준비를 한다. 이윽고 어둠이 찾아오고 달이 동녘에 나타날 즈음이면 사내아이들은 긴 줄을 달아맨 깡통 속에 불을 붙여 팔을 휘저어 돌리기 시작하고, 어른들은 제각기 소원을 빈 뒤 달집을 태운다.

맹렬하게 타들어 가던 달집의 불꽃이 사그라질 때쯤이면 대보름달이 환하게 하늘 높이 솟아오르고, 우리들은 달빛을 머리 위로 받으며 아쉬움을 안고 친구들과 헤어져 집으로 돌아갔었다.

전광석화처럼 발전해 가는 문명의 발달로 인터넷에 가상 세계가 펼쳐지고 사람 대신에 로봇이 일을 하는 세상이 되어 가는 동안 사람과 사람의 관계는 점점 멀어져 가고, 우리 민족의 고유한 따뜻함이라는 정을 쌓거나 나눌 수 있는 기회는 사라져 가는 것 같다. 이웃들과 친구들과 함께 어울리며 서로 협동해서 뭔가를 만들어 내고 같이 즐기던 아름답던 대보름날의 풍정은 이제 어디에서도 볼 수가 없게 되었다.

찾을 수도 되돌아갈 수도 없는 그 시절의 추억들을 기억 속에 더듬으며 아쉬움과 그리움에 젖는 대보름날 아침이다.

문, 문, 문

우수가 지나 경칩이 다가오는데 연사흘 비와 눈이 번갈아 내리고 바람이 거세게 분다.

지난밤엔 바람이 흡사 폭풍처럼 휘몰아치는지 집 주변이 새벽까지 시끄러웠다. 뒤척이느라 든 늦잠에서 깨어 혹여 아스팔트싱글로 된 지붕의 조각이라도 떨어져 나갔나 둘러봤더니 집 뒤꼍에 남편이 지어 놓은 창고 지붕이 반쯤 벗겨져 있다.

창고라 해도 제대로 된 재료를 쓴 게 아니라 헐어 버린 옛날 집에서 쓰던 유리 문짝을 여러 개 잇대어 벽을 만들고 집 짓고 남은 샌드위치패널 조각으로 지붕을 하고 그 위에다 천막을 씌운 거다. 그렇거니 별로 넓지는 않지만 네모반듯하고 안이 훤해서 비료 포대며 잡동사니와 버리기는 아깝고 일 년에 한두 번 쓸까 말까 한 허드레 살림살이를 들여놓기는 제격이라 잘 쓰고 있다.

그나저나 우리 창고가 원래는 문으로 쓰였던 유리문들로 벽이 되어 있는 걸 보면 문이란 것도 쓰는 이에게 문으로 인식이 되고 문으로 쓰일 때라야 진정한 문의 구실을 할 수 있는 게 아닌가 싶다. 문으로 만들어졌지만 열리지 않는 문은 문이 아닌 것이다.

불과 몇십 년 전만 해도 문의 종류가 단순해 여닫이와 미닫이 정도의 문 여는 방법이 있었다면, 시대가 발전하고 복잡해짐에 따라 문을 여는 방법도 여러 가지가 되었다. 뒤로 밀어야 열리는 문, 앞으로 당겨야 열리는 문, 옆으로 미는 문, 버튼을 눌러야 열리는 문, 빙빙 도는 회전문, 문마다 그 문을 열고 들어가는 방법을 모르면 문은 열리지 않는다. 아니다. 요행으로 그 앞에 서기만 하면 저절로 열리는 현대식 최첨단 센서 문을 만나면 문이 저절로 열릴 수도 있다.

몸을 움직이며 일상적인 생활을 하는 보통 사람이라면 하루에도 수십 번 문을 통과한다. 건축 면적이 삼십 평에 불과한 내가 사는 집만 해도 사람이 드나드는 문이 십여 개요 창문까지 합하면 족히 수십 개는 된다. 견고한 벽으로 가로막힌 주택으로 들어가기 위한 현관문, 휴식을 취하고 잠을 자기 위해 열어야 하는 안방 문, 자연적인 생리현상을 처리하기 위한 화장실 문 등등…….

두드리라 열릴 것이요 구하라 얻을 것이다.

어린 시절부터 눈과 귀에 익숙한 구절이다. 그러나 두드린다고 문이 다 열리진 않는다. 그렇지만 일단 두드리지 않으면 문은 안 열린다. 두드리지 않으려면 대신 문고리를 잡아당기기라도 해야 된다. 어떤 경우에나 가로막힌 견고한 벽을 통과할 수 있는 수단은 문을 열고 들어가는 방법밖에 없다. 하나의 문은 그것을 열고 들어서는 자에게만 다음 단계, 즉 그 안의 세상을 만날 수 있게 해 준다.

인간으로 태어나서 한생을 살아가는 동안 거쳐야 하는 유·무형의 문은 얼마나 많은가. 어쩌면 엄마의 배 속에서 이 세상으로 나올 때 열리던 자궁문은 생애 최초의 문이 될 것이요 신체의 부피가 커져 감에 따라 유아기, 소년기, 청년기를 거쳐 가며 만나는 수많은 문은 나를 보호해 주는 수단이 되기도 하지만 나를 가두는 것이기도 하다는 걸 깨닫게 된다.

곧이어 사람과 사람 사이에도 벽이 있고 문이 있다는 걸 알게 된다. 보이지도 손으로 만져지지도 않는 데다 사람마다 제각기 다른 형태를 가지고 있는 이 문을 열고 들어가기가 가장 어렵다는 걸 느낄 때쯤이면, 더러는 인간관계에 대한 좌절을 맛보고 실망에 빠지기도 한다.

사노라면 어떤 문은 열고 들어가고 싶었으나 주어진 환경이나 여건 또는 능력이 안 되어서 못 열게 되는 문이 있고 어떤 문은 결코 열고 들어가서는 안 되는 문이 있다는 것도 알게 된다.

지구에 존재하는 수없이 많은 생명체 중에서도 인간으로 사는 건 매우 쉽지 않은 것이라 살아가면서 매번 밀고 들어가야 했던 문이, 나이를 먹고 어느 시기가 되면 반대로 나가야 되는 문이 더 많아진다.

천직으로 알고 몸담았던 회사에서 정년퇴직을 하는 것도 직장이라는 울타리를 벗어나는 문을 통과하는 것이요, 이 세상에 태어난 생명체로서 인간으로서 의무와 책임에 얽매여 살았던 시기를 지나 칠십 대의 노년이 되는 것도 어찌 보면 보이지 않는 어떤 굴레를 벗어나는(그것이 좋은 건지 나쁜 건지는 저마다 다르겠지만) 또 하나의 문을 열고 나가는 것과 같지 싶다.

아무튼 살아가는 동안 수없이 많은 문을 통과해야 하는 것이 인간의 숙명이건만 어떤 문도 저절로 열리는 문은 없으며 들어가는 문이건 나가는 문이건 희로애락(喜怒哀樂)이 실리지 않은 문은 없는 것 같다.

생각해 보면 이 세상을 떠나는 죽음 또한 우리가 모르는 어딘가에서 이 지구의 문을 열고 들어왔다가 그 문을 열고 다시 어딘가 모르는 미지의 문으로 향하는 여정이 되지 않을까? 그리 보면 사람의 한생이란 수없이 많은 문을 통과해야 하는 수련을 하는 과정에 불과할지도 모른다.

전염병

눈다운 눈 한 번 내리지 않고 겨울이 지나갔다. 마치 가을의 끝자락이 연장되는 것 같은 겨울답지 않은 겨울 날씨에 전에 없이 한바탕 눈이라도 펑펑 내려 줬으면 하는 마음이 들 정도였다.

이렇게 자동차를 가진 사람들의 불안과 긴장감이 없이 겨울이 가나 싶더니, 느닷없는 전염병의 기습으로 영하 몇십 도의 추위보다 더 매섭게 사람들을 얼어붙게 만들었다. 전 세계가 들썩이고 있다는 것은 매스컴을 통해 알고 있었지만 어제는 미국에 사는 남동생이 전화를 걸어와서 걱정을 한다. 평상시에도 자주 건강에 대한 안부를 묻긴 하지만 중국과 가까운 우리나라가 심히 염려되니 각별히 조심하란다. 해서 내가 한마디 해 줬다. 네가 사는 미국보다 우리 대한민국의 의료시스템이 더 잘되어 있을 테니 네 걱정이나 잘하라고.

중국발 코로나 바이러스, 이번 전염병의 명칭이다.

기이한 건 정부에서는 '코로나 바이러스'라고 하는데 한쪽에 선 군이 '우한 폐렴'으로 부르겠다고 고집을 부리고 있다. 전염병 명칭을 어떻게 부르느냐? 코로나 바이러스로 부르느냐, 우한 폐렴으로 부르느냐, 를 따지고 있는 국회의원들을 보며 한탄이 절로 나온다.

일부러 고의적으로 전염병을 만들어서 퍼뜨린 것도 아니고 진원지에서도 많은 사람이 죽어 가고 그 속에서 사투를 벌이고 있는데 다른 명칭이 없으면 모를까, 구태여 지명을 들썩이며 부를 필요는 없지 않을까 싶다. 국가의 이권이 걸린 것도 아니고, 이웃 국가 간의 선린 우호를 위해서도 말이다. 그런 걸로 다투는 일 자체가 옹졸하고 치사한 일이라는 걸 알았으면 좋겠다. 정치인들이 가지고 있는 뻔뻔하고 부끄러움이 없는 태도와 상황이 어떻게 돌아가든 자기에게만 이롭게 생각하고 행동하는 병균이 코로나 바이러스와 함께 날뛰는 것 같다.

바야흐로 지구촌이라는 말이 무색하지 않을 정도로 빨리 퍼지는 전염병의 확산에 세계 각국이 난리가 났다. 미국을 비롯해서 여러 나라가 우한에 있는 자국민을 본국으로 데려오느라 전세기를 띄워 제 나라 국민들을 한 사람이라도 더 보호하고자 애를 쓰는 상황이다. 우리나라도 우한에 있는 자국민을 두 차례에 걸쳐 이송해 왔다. 항공기의 운행시간과 탑승 인원에 대한 설왕설래가 있었지만 어쨌든 칠백여 명의 국민을 무사히 데려왔다.

혼란 속에 국가와 국가 간의 일이니 그 과정에서 얼마나 많은 분들의 노고와 희생정신이 있었는지 우리는 짐작만 할 뿐이다. 그런데도 이런 일이 있을 때마다 있는 일이지만, 이번 우한 교민 이송 작전에 대해서도 쓸데없는 비방과 흑색선전이 인터넷과 언론을 통해 난무하는 걸 보니 한심하기 이를 데 없었다.

우한에서 온 사람들의 격리 수용에 대한 것도 마찬가지다. 제대로 확인되지 않은 일정과 수용 장소 변경에 대한 불만과 자신이 사는 지역은 안 된다는 이기적인 생각으로 정부와 공무원에 대한 성토와 시위는 참 안타까웠다. 정부에서 관리·운영하는 시설들이니 민가들과 밀접하게 붙어 있는 것도 아니고 사람들이 많이 왕래하는 번화가에 위치한 것도 아닌데 무조건 반대부터 하는 사람들의 심리는 무엇일까? 역지사지까지는 아니더라도 자신의 가족이나 친척이 그런 상황이라면 반대부터 할 수 있을까 싶다.

다행히 양식이 있는 사람들의 손 팻말부터 시작된 우호적인 모습들이 우한에서 돌아온 사람들에게 작은 위안이 되지 않았을까 싶다. 이번 코로나 바이러스 사태를 보면서 전염병은 바이러스라는 유기체만 무서운 것이 아니라 우리 사회가 가지고 있는 보이지 않는 무기체의 정신적인 바이러스가 더 무섭다는 생각이 든다.

막는다고 나름대로 깜냥껏 노력했겠지만 우리나라의 대구 집단 감염 사태를 비롯 전 세계가 코로나 바이러스의 역습으로 초유의 사태를 맞이하고 있다. 마치 세계대전을 연상케 한다. 선전포고도 없고 협상도 할 수 없는, 그야말로 총이나 포탄을 가지고 하는 전쟁보다 더 무서운 전쟁이다. 언제 어디서 누구를 통해 역습해 올지 모르는 적에 의해 포위된 것 같다. 더구나 내가 적에게 당하는 순간, 누군가를 본의 아니게 해할 수도 있는 병기가 된다니 더욱 두렵고 불안하다.

최선을 다해 예방 수칙을 지키고 서로 간에 폐가 되지 않도록 공적인 모임이나 사적인 모임을 모두 중지함은 물론이요 사회적 거리 두기를 실천하느라 이웃 사람과의 차 한 잔도 피하고 있다. 언제쯤 끝날지? 아무도 예측하지 못하고 있는 이 전쟁이 지겹고 불편하지만 이 또한 지나가리라는 믿음과 희망의 끈을 놓지 않고 있다.

돌이켜 보면 태어나서 살아오는 동안 유소년기까지는 천연

두나 홍역, 장티푸스 같은 병에 예방주사를 맞으며 맞서 왔고, 청·장년기까지는 소소한 전염병 외에 일상생활에 지장을 줄 정도의 전염병은 모르고 살아왔지 싶다. 그런데 문명의 발달과 교통수단의 발전으로 밀접하게 된 나라와 나라 간의 움직임이 활발해지면서 사스니 메르스니 하는 이름도 생소한 전염병을 맞게 된 것 같다.

이 외국으로부터 들어오는, 잊을 만하면 일어나는 전염병과 몇 년에 한 번씩 벌어지는 구제역과 조류독감 같은 가축의 질병까지 전염병 창궐에 불안과 걱정이 끊일 새가 없으니 어쩌면 이러다가 더 무서운 전염병으로 인류의 종말이 시작되는 건 아닌가 하는 불안감에 휩싸일 때도 있다.

하지만 인류 역사를 통해 보면 수없이 많은 치명적인 전염병을 물리치며 살아온 이력이 있으니, 이번 전염병도 결국 이길 수 있을 것이다. 밤낮을 잊어 가며 최선을 다해 뛰고 있는 행정 당국의 공무원들과 히포크라테스의 선서를 지키기 위해 정성과 노력을 아끼지 않는 의료인들과 이름 없이 보이지 않는 곳에서 헌신과 봉사를 하는 사람들의 노고와 병원체를 다스릴 수 있는 치료제와 백신을 만들기 위하여 밤새워 연구를 하는 과학자들이 있을 테니 말이다.

아울러 코로나19를 비롯 새로운 전염병의 원인이 끊임없이 자연을 파괴해서 야생동물들의 서식지를 침범한 인간의 탓이라니, 이제라도 더 이상의 자연과 환경을 파괴하지 않도록 획기적인 제도와 법을 전 인류가 뜻을 모아 만들고 지켜야 되지 않을까 싶다.

다행히 봄이 깊어 가는 이즈음 우리나라 코로나19의 횡포가 많이 잦아들고 있는 것 같다. 미국을 비롯 유럽과 세계의 어떤 나라보다 투명하고 발 빠르게 전염병과 싸워 이겨 내고 있는 우리나라가 믿음직스럽고 자랑스럽다. 이번 기회를 통해 우리나라야말로 진정한 의료 선진국이라는 걸 세계만방이 알게 된 것 같아 뿌듯하기도 하다.

다만 아쉽고 안타까운 것은 백신조차 만들어 낼 수 없는 이기적이고 비도덕적인 사람들의 정신적인 바이러스의 전파를 방지하지 못함이다.

돈의 효용

"돈은 중력과 같다. 고로 돈은 돈을 끌어당긴다.

돈은 감정이 있다. 돈을 우습게 알고 하찮게 대하면 곁을 떠난다.

돈은 생각이 있다. 작은 돈은 아껴 쓰고 큰돈은 좋은 곳에 잘 써라.

돈은 인격체다. 큰돈은 어른이고 작은 돈은 어린이다. 작은 돈을 함부로 하면 큰돈을 만나지 못한다."

티브이 유튜브 채널에서 자수성가해 큰 부자가 되었다는 강사의 돈에 대한 강의를 들으며 돈을 인격체로 대하라는 그의 말이 신선하면서 일리가 있다는 생각이 들었다.

사람과 사람의 관계에서 상대를 존중하지 않거나 배려하지 않는, 예의에 어긋난 행동을 한다면 그 관계가 어그러지거나 끝나 버리는 것처럼, 누구라도 돈을 무시해서 거들떠보지도 않거나 하찮게 생각해서 종이쪽지 버리듯 써 버린다면 돈은 결코 그의 곁에 붙어있지 않을 테니 말이다.

그 옛날 고려 말의 충신 최영 장군이 했다는 '황금 보기를 돌같이 하라.'는 말은 물질만능주의 시대인 현대 사회에서 사라진 지 오래다. 아니, 어쩌면 그 시대에도 황금을 보기만 하면 미친 듯이 달라붙는 사람들이 대다수이고 그 대다수의 사람들이 그 때문에 스스로 파멸에 이르는 것을 많이 봤기에 최영 장군이 그런 어록을 남기신 것인지도 모른다.

현시대의 사람들은 때때로 돈이 우리의 삶을 지배한다고 생각하며 깨어 있는 시간의 80% 정도를 돈을 벌고 돈을 쓰고 돈에 대해 생각하는 데 쓴다고 한다.

물론 많은 사람들이 '천석꾼은 천석꾼만큼 만석꾼은 만석꾼만큼 근심이 있다.'는 속담처럼 반드시 부자여야만 행복한 것도 아니며 부자라고 다 행복한 것이 아닌 것도 알고 있으며 우리의 삶에서 가장 중요한 것이 물질이나 돈이 아니며 돈으로 살 수 있는 것은 집이나 가구, 책, 음식 같은 소비재에 한정되어 있다는 것을 알고 있다.

그럼에도 세상을 살다 보면 불가피하게 돈과 관련된 여러 가지 문제를 만나게 되고, 돈에 대한 걱정을 하면서 살 수밖에 없기에 돈 없이 삶을 즐기기는 보통 사람에겐 어려운 일이다. 돈이 없어서 상급학교 진학을 포기해야 했던 청소년기를 보냈고, 성인이 되고 결혼을 해서도 넉넉지 못한 가정 경제를 꾸려 가느라 검소와 내핍의 생활이 습관화가 된 내게 돈은 매우 중요하다.

하나 돈이 삶의 수단은 될 수 있지만 삶의 목적이 되어서는 안 된다는 것이 나의 지론이자 가치관이다. 즉, 인간의 행복은 돈의 양에 달려 있는 게 아니라 돈의 한계를 알고 어떻게 돈을 관리하느냐에 달려 있다고 생각한다. 예로부터 부자가 삼대 가기 어렵다는 말이 있는데, 그것은 여러 가지 이유가 있겠지만 사람마다 돈을 관리할 수 있는 그릇이 다르고 큰돈을 관리하는 능력은 아무나 가질 수 없다는 말과 다르지 않다고 나는 받아들인다.

돈은 우리가 원하는 것을 구매하는데 사용되는 재화로서의 수단만이 아니라 때에 따라 지위, 안전, 즐거움, 자립의 근원이 되기도 한다. 따라서 사람들이 돈에 대해 갖는 의미를 대략 네 가지로 나눌 수 있다고 한다.

- 지위로서의 돈: 돈을 지위로 생각하는 사람은 돈이 권력과 인간관계를 유지하는 수단으로 여긴다.
- 안전으로서의 돈: 돈이 안전을 보장해 준다고 생각하는 사람은 소비보다 저축에 관심을 갖는다.
- 즐거움으로서의 돈: 돈이 즐거움을 가져다준다고 생각하는 사람은 자신이나 다른 사람에게 돈을 쓰면서 기쁨을 얻는다.
- 자립으로서의 돈: 돈을 자립의 수단으로 여기는 사람은 돈이 다른 사람으로부터 자신의 삶을 독립적으로 유지할 수 있게 해 준다고 생각한다.

어쨌거나 우리의 삶에 있어서 돈은 꼭 있어야 하며 없어서는 안 될 만큼 중요한 것이기는 하지만, 돈은 감정이 있다는 그 강사의 말처럼 돈을 잘못 쓰면 스스로의 목을 조이는 올가미가 될 수도 있는 것이다. 실제로 적지 않은 사람들이 돈 때문에 삶과 죽음의 기로에 서기도 하고 패가망신을 하기도 하는 게 세상사다.

돈이란 사람에 따라 지닐 수 있는 역량이 다르겠지만, 나에게 필요한 돈은 기본적인 의식주의 해결과 어디 가서 타인에게 아쉬운 소리를 아니 할 정도의, 돈으로 인해 나의 인격과 자존심을 침해받지 않을 정도면 족한 것 같다.

무지와 어리석음

살, 살, 조심스럽게 작은 꽃삽으로 화분의 흙을 걷어 낸다. 행여 밑에 싹이 다칠지도 모르니까. 근데 아무것도 안 보인다. 조금 더 깊게 파내다 거의 바닥까지 뒤집어 봐도 전혀 보이질 않는다. 예쁜 새색시마냥 수줍게 올라오던 연초록의 싹이 흔적도 없이 사라졌다.

작년 봄에 노랑·빨강·보라의 꽃을 피웠던 튤립이 시들자 구근을 파서 간추려 두었다가 지난 십이월 초순경 좀 굵은 구근들을 골라서 두 개의 화분에 적당한 간격으로 다시 심었다. 튤립은 그렇게 해야 된다고 화원에서 사 온 구근 주머니의 설명서에 쓰여 있었다.

유난히 춥고 매서운 겨울이 지나고 입춘이 지난 어느 날이었다. 봄이 오는구나 싶어 마당에 나가 둘러보다가 나란히 놓인 두 개의 화분에 봉긋이 올라오는 연초록색이 눈에 띄었다. 튤립이 깨어나기 시작한 것이다. 하지만 반가움도 잠시 걱정이 되었다. 낮의 온도는 봄날처럼 따뜻하지만 아직 밤이면 영하 십여 도를 오르내리는 추위를 그 여린 싹이 이겨 낼 수 있을까 싶어서다. 궁리 끝에 포대에 있던 화초용 상토를 가져다 새싹이 얼지 않도록 적당히 덮어 주었다.

삼월이 되자 마당의 작은 꽃밭에 솜털이 보송한 할미꽃이 제일 먼저 피더니 뒤이어 매발톱꽃이 피고, 봇물이 터지듯 홍도화·개나리·돌단풍·수선화·꽃잔디가 다투어 피어나는데 튤립은 전혀 고개를 내밀지 않았다. 왜 안 나오지? 염려 속에 삼월이 다 가고 사월이 되어도 소식이 없어 기다리다 지쳐 화분을 헤쳐 본 것이다.

무엇이 잘못된 것인지 살펴보니, 혹시 얼어 죽을까 봐 염려해서 상토로 싹을 덮은 게 오히려 싹을 썩게 만들어 버렸나 보다. 그 추운 겨울도 잘 지냈으니 가만히 놔뒀으면 스스로 알아서 잘 견디고 꽃을 피울 수 있었을 텐데…….

동물이건 식물이건 살아 있는 모든 것들에게 지나친 간섭과 과보호는 독이 되는 것을, 어리석은 간섭으로 튤립의 구근을 썩게 만들어 버린 나의 무지함이 부끄럽다. 생명을 잃어버린 튤립에게 미안하고 지금쯤 예쁘게 피어 있었을 꽃이 두 눈에 삼삼하다.

미디어 보도에 백 년이 넘는 기상 관측 역사 이래 올 삼월은 가장 기온이 높았다고 한다. 매년 봄이면 남쪽 지방에서부터 며칠씩 간격을 두고 북쪽 지방으로 피어 올라오던 벚꽃이 예년과 달리 전국에 동시다발적으로 피더니 그 아름다움을 제대로 느끼기도 전에 너무나 빨리 비바람에 지고 말았다.

그뿐이 아니다. 어찌 된 일인지, 올봄은 목련이 피면 개나리가 피고 뒤이어 벚꽃이 피는, 그렇게 순차적으로 피어나던 꽃들이 일시에 다 같이 피어 버려 봄의 화려함이 찬란했다. 그러나 색색으로 어우러진 꽃의 아름다움에 젖기에는 너무도 짧은 꽃들의 개화 기간이었다. 하여 여리고 청순한 봄 처녀가 머뭇거리며 수줍게 다가오는 듯하던 봄의 설렘이 반감된 것 같은 아쉬움과 차례대로 피는 꽃하고의 첫 입맞춤 같은 은밀함이 사라져서 일시에 왔다 가는 잔칫날의 뒤끝처럼 허전하기도 하다.

그런데 우리 인간들의 이런 감상적인 문제는 꿀벌을 비롯한 생태계에 미치는 영향에 비하면 아무것도 아니다. 자연의 섭리는 우리의 생각보다 섬세하고 오묘해서 꽃들이 차례대로 피어나야 벌들도 그 순서에 맞춰 꽃가루를 모으고 꿀을 따서 먹고 저장을 해서 꽃이 별로 피지 않는 때를 대비한다고 한다. 그런고로 올봄 꽃들의 반란으로 꿀벌들이 양식 걱정을 하게 됐고, 뿐만이 아니라 먹이사슬로 연결되어 있는 자연의 생태계에 악

영향을 끼칠 수 있다고 한다.

인류의 기상 관측 이래 2015년부터 2022년까지 8년간의 기온이 전 세계적으로 가장 높았다고 한다. 올해도 벌써부터 기온이 높은데 올여름에는 폭염이 예상된다니 걱정이다. 온난화로 남극과 북극을 비롯 지구에 있는 빙하의 평균 두께가 얇아져서 해수면이 상승하고 해양 표면 온도가 비정상적으로 따뜻해져서 해양생태계에도 악영향을 끼친다고 한다.

그뿐만이 아니라 지구가 몸살을 앓는 것인지 세계 곳곳이 가뭄과 폭염으로 난리가 났다. 곡물이 흉작이 되는 것은 물론이요 동아프리카는 지독한 가뭄으로 많은 사람들이 고통을 받고, 그 반대로 파키스탄 지역은 엄청난 대홍수로 사람들이 많이 죽고 이재민이 80만 명이 넘는다고 한다. 급기야 유엔에서는 세계 각국에 더 빠른 온실가스 감축 노력을 촉구하는 성명을 냈다고 한다.

이런 현상이 지구 온난화로 인한 것이요 그 원인이 우리 인류가 이산화탄소 배출을 많이 하는 때문이라니 모든 것이 인재다. 이런 일이 어제오늘 시작된 것이 아니요 벌써 오래전부터 과학자들이 경고하고 지각이 있는 사람들이 목소리를 높였지만 눈앞에 있는 자기들의 이익에만 골몰해 있는 세계 각국 정부의 무성의가 문제다.

좀 다른 맥락이지만 어리석고 쓸데없는 간섭으로 튤립의 구근을 썩게 만들어 버린 나의 무식함이 아쉬운 것처럼, 지구의 온난화로 파괴되어 가는 자연의 순리가 우리 인류의 나태함과 방만함으로 인한 것이라서 안타깝다. 어쩌면 무지함으로 인하여 덮었던 상토를 나중에라도 조금 빨리 걷어 줬더라면 튤립이 제대로 피어나지 않았을까?

지구의 온난화를 막기 위하여 조금 늦었지만 지금부터라도 탄소 배출을 줄일 수 있게 전 인류가 다 함께 노력하면 지구가 회생할 수 있지 않을까 싶다. 돌이킬 수 있는, 다시 시작할 수 있는 기회가 있다는 것은 다행이고 행운인데 그 기회를 놓치는 어리석음을 범하지 말아야 할 것이다.

유별난 여름을 보내며

참 대단한 더위였다. 어느 해나 여름이 더운 건 당연한 이치지만, 덥다 덥다 해도 올여름처럼 가마솥에 삶아대는 것처럼 덥기는 처음인 것 같다. 그래도 입추가 지나고 처서가 지나면 더위가 좀 누그러지려니 했는데, 가을의 명절로 알고 있는 추석이 지나도록 더위가 지속되어 짜증이 날 정도였다. 그래서 웬 여름이 이렇게 길어졌냐고 이러다 가을이 오긴 오는 거냐고 투덜거렸는데 가을이 문 앞에 와 있었나 보다.

그렇게 요란하고 끈질기게 버티던 여름이 마침내 물러가나 보다. 마주치기도 싫었던 햇볕의 밝음이 은근히 살갑게 다가오고 밝은 양지가 지겨워서 어두운 음지를 찾아다니던 눈에 한낮의 내리쪼이는 햇살이 청량하게 보이기 시작했으니 말이다. 인간살이 기십 년에 세상사가 됐든 인연이 됐든 때가 되면 바뀔 건 바뀌고 변할 건 변한다는 걸 진작 알았으면서도 그 얼마간을 못 참고 구시렁댔다니.

아침저녁으로 조금씩 달라지는 기온의 변화를 느끼며 며칠 전 여름내 꽂아 두었던 에어컨의 플러그를 뽑았고, 어제는 품 안에 끼고 살다시피 했던 두 대의 선풍기를 거두어 다락방에 올려 두었다. 마음이 변해 버린 연인처럼 갑자기 새벽 기온이 한 자릿수로 떨어진 오늘은 맨발로 걷는 거실 마루가 선뜩하게 다가와 거실 소파와 바닥을 차가움에서 따뜻함으로 바꾸는 작업을 했다.

여름내 뜨거운 열기로 달궈진 등판을 잠깐이라도 시원하게 식혀 주던 대자리를 걷어 내고 대청소를 시작한다. 주기적인 청소 때보다 조금 더 신경을 써서 소파 밑이며 미처 손이 닿지 않았던 구석구석과 문틀, 창틀, 벽면의 걸레받이까지 깨끗하게 걸레질을 하고 지난봄 끝에 걷어 세탁해 두었던 카펫을 깐다.

내친김에 목공 취미를 가진 친정 오빠가 만들어 준 나무 소파 세트에도 시원해 보이라고 씌워 두었던 청색의 덮개와 같은 계열의 쿠션과 방석의 커버를 모두 도톰하고 따뜻한 느낌을 주는 노란색 계열의 커버로 교체를 해 줬다.

벌써 오래전부터 인류가 뿜어내는 탄소배출로 기후가 변해 에베레스트를 비롯하여 세계의 고산들 만년설이 녹아내리고 북극과 남극의 빙하가 녹아 지구의 바다 해수면이 높아져서 태평양에 있는 섬나라들이 수몰되고 바다에 면해 있는 세계 각국의 도시가 침수될 거라는 뉴스는 많이 봤었다. 산업혁명의 시작이 촉발한 화석연료 사용, 점점 높아지는 인류의 육류 소비로 인한 과다한 가축 사육, 등에서 나오는 온실가스로 지구가 온난화되어 1980년대를 기점으로 기후가 변화하고 있다는 과학자들의 발표에도 그저 그러려니 했었다.

그러나 올여름의 길고도 극심한 더위를 겪으며 또한 내 집 작은 꽃밭에 피는 꽃들의 혼란스러운 개화를 보면서 기후변화가 남의 일이 아닌 당장 나에게도 영향을 미치는 일이라는 걸 느꼈다. 전 세계적으로 일어나는 극심한 가뭄과 폭염, 예전보다 자주 일어나는 산불, 엄청나게 쏟아지는 홍수, 잦아지는 허리케인과 폭풍으로 인한 인명 피해와 함께 사람들의 주거지가 파괴되고 축산농가에서는 가축들이 폐사하고 과수원을 경영하는 농민들의 피해 또한 커져 가고 있다.

엊그제도 티브이에서 기후변화를 막을 수 있는 시한이 얼마 남지 않았다는 자연과학자들의 대담 프로그램을 보며 하루빨리 세계 각국이 서로 합심을 해서 이 문제를 해결해야 될 텐데 하는 걱정만 한바탕 했었다.

어떤 사회적 영향력을 끼칠 수 있는 능력도 없거니와 뭔가 사명감을 가지고 앞장설 만한 용기도 없는 소시민에 불과한 내가 할 수 있는 탄소 배출을 줄일 수 있는 작은 실천들을 생각해 본다. 그동안에도 해 왔었지만 비닐이나 플라스틱 제품 덜 쓰기, 일회용품 안 쓰기, 부득이 쓰게 되면 여러 번 재활용하기, 되도록 새 옷은 안 사고 헌 옷 돌려 입기 등등…….

다른 나라들에 비하면 그나마 우리나라는 기후변화의 영향이 덜 심한 편이라는데 어쩌면 올여름의 전례가 없는 푹푹 찌는 무더위가 그 전조 증상으로 나타난 것 같아 불안하고 두렵기도 하다. 여름이 이렇게 길어지면 우리나라의 자랑이자 내가 제일 좋아하는 계절 가을이 아주 짧아지거나 없어질지도 모른다는 미디어의 보도를 보며 기후변화가 가져올 예측하기조차 어려운 여러 가지 변화가 근심스럽기까지 하다.

지금이라도 우리가 뭔가 해결책을 찾아 노력하지 않는다면 우리의 후손인 미래 세대를 불행하게 할 것이 자명하다. 하루라도 빨리 전 지구적인 협력과 노력이 필요할 텐데 미국과 중국을 비롯 세계에서 가장 많은 탄소 배출을 하는 나라들이 협력을 제대로 안 하고 있으니 안타깝고 한심스럽다.

아, 이러다가 먼 훗날 이 길고 무더웠던 지난여름을 오히려 그땐 견딜 만했었다고 그리워할지도 모르겠다는 생각이 문득 들기도 한다.

부끄러움이 사라져 간다

언젠가부터 수줍어하거나 겸손해하는 사람 만나기가 어렵다.
우리 민요에도 나오는 행주치마 입에 물고 입만 벙긋한다는 촌색시도 찾을 수 없지만, 예쁘다는 칭찬에 수줍어 볼이 빨갛게 물드는 소녀도 만나기가 어려운 세상이다.
핵가족 시대를 넘어 일인 가구 시대를 사는 독거인으로서 하루도 빼놓지 않고 들여다보는 게 티브이 방송이다. 그런데 세월 따라 사라져 가는 게 한둘일까마는 프로 방송인들이 나오는 티브이 프로그램이야 그러려니 하지만 일반인들이 출연하는 방송에서도 수줍어하거나 겸손한 태도를 보이는 출연자는 찾기가 쉽지 않다. 그중에서도 많은 사람들이 좋아하는 프로그램 《전국노래자랑》에 나오는 이들이 보이는 자만에 가까운 발언과 용기 있는 몸짓들을 보면 때로는 감탄을 때로는 탄식을 자아내게 한다.

얼마 전 《전국노래자랑》에 중고교 선생님이라는 여성들이 두 팀 나왔다. 관객석에서 호응을 하는 제자들 앞에서 한 팀은 두 사람이 같이하는 듀엣인데 노래야 그렇지만 십 대들 이상으로 과감하게 흔드는 춤동작을 보며 괜히 내가 조금 민망했다. 순전히 내 개인적인 감정이지만 학생을 가르치는 교육자 내지는 선생님이 지녀야 하는 품위와 처신에 맞지 않는다는 느낌이었다.

또 다른 팀은 세 사람이 나왔는데 그들도 여선생들이었다. 연령대가 삼십 대 후반이 넘어 보였는데 그중에 한 사람이 유명한 코미디언 출신인 진행자를 좋아한다고, 자신의 첫사랑이었다고 고백을 하며 셔츠에 진행자의 사인을 받는 장면이 나왔다. 방송 프로그램의 특성을 살리기 위한 제작진의 의도에 의한 연출인지는 모르겠으나 요즘 십 대 소녀들이나 하는 행동을 나이도 지긋한 선생님들이 하는 게 별로 좋아 보이지 않았다. 나의 이런 생각과 느낌이 전근대적인 사고방식에 기인한 것이라고 치부하면 할 말은 없지만…….

방송뿐만이 아니다. 세계적인 아이티 왕국답게 전파 통신의 발달로 우후죽순처럼 돋아나는 개인 방송들의 유명 연예인부터 무명의 유튜버까지, 갈수록 부끄러움과 겸손이 사라지고 발가벗고 춤을 춰도 제멋에 사는 사람들이 넘쳐난다. 그것도 남녀의 성별이나 나이는 물론이요 사회적인 위치나 직업을 막론하는 것 같다.

범사회적인 이런 현상이 비교적 윤리와 도덕에 밝다는 글 쓰는 사회에서도 비일비재하다. 어쭙잖은 글을 써서 책을 출간하고 그런 사람일수록 출판기념회는 성대하게 열고 이력에나 명함에는 자신을 장식하는 글이 열댓 발이나 늘어져 있다. 딱한 것은 전 또는 역임이 붙어 있는 전직까지 나열되어 있는데, 봉건사회인 조선 시대도 아니고 전에 했던 직함이 무슨 필요가 있는가 말이다.

우스갯소리로 현대는 피알 시대이니 알릴 건 알리고 피할 건 피해야 된다는 말이 오래전부터 사람들 사이에 회자되어 왔지만, 요즘 사회에서 부끄러움이나 겸손함을 가진 사람을 만나기가 조금 과장하면 하늘의 별 따기가 됐다.

더 심각한 것은 우리 사회를 이끌어 나가야 하는 사회 지도층부터 자신의 잘못이나 치부를 드러내고도 부끄러움을 느끼거나 반성을 모르는 사람들이 많아지는 것이다. 되건 안 되건 자기가 잘났다고 타인들 앞에서 나대고 쥐꼬리만 한 재주를 만천하에 과시하듯 떠들어 대야 인정을 받는다고 생각하는 사람들이 대다수이다.

나 어릴 적만 해도 겸손한 태도와 염치를 아는 마음은 예의 범절과 함께 인간이 지녀야 하는 가장 큰 덕목이었다. 겸손함과 염치가 없는 행동을 하는 사람은 사회적으로 손가락질을 받거나 배운 바가 없는 몰상식한 사람으로 치부되었다. 그것이 언제부턴가 자신을 스스로 칭찬하거나 자랑하는 자화자찬(自畵自讚)족이 생겨나더니 이젠 겸손함이나 부끄러워함은 시대와 사회에 조금 뒤떨어진 태도라고 매도되어 가는 현상까지 보인다.

먼 옛날부터 시대의 흐름에 따라 풍습이나 도덕관이 달라지고 인간의 사고방식이나 가치관이 변하는 건 자연스러운 사회적인 현상이라고 하나, 날로 발전하는 정보통신이며 거침없이 나대는 미디어 세상이 부끄러움이나 겸손을 모르는 사람들을 양산하는 게 아닌가 하는 생각을 나만 하는지 모르겠다. 속된 말로 눈치가 빨라야 절집에 가서 새우젓국을 얻어먹을 수 있고, 시류에 따라야 살기가 편하다고 하는데 어쩌면 시대의 변화에 부응하지 못하는 소견이라고 누군가에게 핀잔을 받아도 할 수 없다.

누구에게나 예의 바르게 처신하라고, 어디 가서나 함부로 나대지 말고 정작하고 겸손해야 된다고 자라나는 아이에게 가르치는 건 세상살이에 뒤떨어진 교육이 될 것 같은 생각까지 드는 요즈음이다. 그럼에도 불구하고 나는 여전히 조금 겸손한 느낌을 주는 사람, 조금 부끄러움을 아는 사람을 만나고 싶고 그런 사람이 반갑고 소중하다.

짐승만도 못한

'살인자'
'살인죄로 처벌하라!'

피켓을 든 사람들이 법원 앞에서 시위를 하며 피의자를 태운 차량을 에워싸고 목청껏 소리를 지르는 장면이 티브이 화면을 채운다. 사랑으로 잘 키우겠다고 입양한 어린 딸을 양모가 학대를 해서 죽게 만들었단다. 이런 일이 한두 번이 아니다. 이런 일이 일어날 때마다 정부와 정치인들은 엄벌을 약속하고 새 법을 만들어 이런 일이 없도록 하겠다는 다짐을 하지만, 갈수록 더 자주 이런 일이 일어나는 것 같다.

참 슬픈 세상이다. 어찌하여 인륜을 저버리는 인간들이 많아지는지? 심심하면 터져 나오는, 자식을 버리거나 죽이는 인간들에 대한 사건을 볼 때마다 짐승만도 못하다는 생각이 절로 든다. 젊은 부부가 게임에 빠져 어린 자식을 굶겨 죽게 만들고, 살찐 계모가 아홉 살 아이를 가방에 가둬 밟아 죽이지를 않나, 이제 십육 개월 된 어린것을 때려 죽게 만들다니 이게 인간이 할 수 있는 짓인가.

스스로 만물의 영장이라고 일컫는 인간으로서 참으로 부끄럽고 통탄할 일이 자주 일어난다. 삼순구식의 가난 속에서도 자식들과 살아 보려고 갖은 애를 쓰고 자신을 희생해 가며 자식들의 교육과 성장을 위하여 지극정성을 다했던 부모들은 다 어디로 갔나 싶다.

굳이 먼 옛날이야기를 더듬지 않더라도 포탄이 떨어지고 총알이 빗발치는 육이오 전란 속, 목숨을 부지하기 어려운 피난길에도 제 혈육만은 놓치지 않으려고 자식을 업고 안고 손목과 손목을 천 조각으로 묶어 행여나 잃어버릴세라 노심초사하며 제 목숨보다 더 자식을 소중하게 여기던 부모들은 다 어디로 갔나 싶다.

사람이기에 자식을 살리기 위해 갖은 고생을 마다하지 않았으며 자식을 위해서라면 목숨까지도 희생했던 선조들의 이야기는 이제 먼 옛날이야기가 된 것 같다. 초근목피로 끼니를 이어 가는 어려움이나 배고픔에 쩔쩔매던 보릿고개도 사라진 이 시대에 왜 제 자식을 버리거나 학대하는 일이 빈번하게 매스컴에 오르내리는지? 물론 자식을 학대하거나 버리는 이야기는 옛 시절에도 있었지만 극히 드문 일이었고, 아이의 생명을 빼앗는 일은 별로 없었던 것 같다.

짐승도 제 새끼는 목숨을 바쳐 키우고 거두는 게 세상의 이치이거늘 제 자식을 죽이거나 버리는 일은 가난하다거나 피치 못할 사연들이 있더라도 사람으로 할 짓이 아닐진대, 얼마 전엔 배울 만큼 배우고 살 만큼 산다는 한의사 부부가 자기 자식을 말도 통하지 않는 머나먼 필리핀에다 버렸다가 그곳에 사는 한국인의 신고로 법의 심판을 받게 된 일이 매스컴에 나온 일도 있었다.

약간의 지적장애가 있는 아이를 그동안 국내에서도 몇 차례에 걸쳐 다양한 방법으로 유기했던 부부는 마침내는 남의 나라에 아이를 버리고 혹시나 아이가 돌아올까 봐 다시는 찾아오지 못하게 자신들의 이름도 바꾸고 전화번호도 바꿔 버렸다니, 인간이기를 포기한 철면피가 아닌가 싶다. 어찌 사람으로서 그럴 수가 있는지? 참으로 짐승만도 못한 인간이다.

내가 자주 보는 티브이 프로그램 《동물의 세계》를 보면 얼마나 많은 동물들이 자신의 자손을 지키기 위해 헌신하고 희생을 마다하지 않는지 감동과 감탄을 할 때가 많다.

단풍나무가 우거진 캐나다의 숲속 어디쯤인가 보다. 제 몸보다 몇 배가 긴 나뭇가지를 끌어다 허술해진 댐의 한쪽을 막고 다시 작은 가지들을 물어다 이곳저곳을 다듬는 비비의 몸놀림이 힘겨워 보인다. 그는 얼마 전 아내와 태어날 자식을 위해 안전하고 따뜻한 집을 잘 지었다.

그런데 그의 집을 노린 침입자가 나타났다. 혼신의 힘을 다해 침입자를 물리치기는 했으나, 침입자와 난타전을 벌인 수컷 비비는 온몸이 찢어지고 다리가 부러졌다. 그럼에도 싸움으로 난장판이 된 보금자리를 수컷 비비는 퉁퉁 부은 다리를 끌고 다니면서 보수를 한 것이다.

그동안 배가 불룩한 그의 아내는 안전한 굴속에서 기다리더니 절룩거리며 들어온 남편을 따뜻하게 맞아 준다. 목숨을 걸고 집과 가족을 지켜 낸 수컷 덕분에 암컷은 잘 정비된 보금자리에 새끼를 낳고 기르며 오순도순 살아간다. 티브이 방송 프로그램 중 내가 제일 좋아하는 자연과 동물 프로를 보고 있노라면 감탄사가 절로 나오고 우리 인간보다 훌륭한 동물의 부성애와 모성애를 확인할 때가 많다.

바다에 사는 문어는 50여 일 동안 먹지도 자지도 않고 알을 보호하고 지킨다. 건강한 새끼가 태어나게 하기 위하여 신선한 산소를 공급하고 골고루 어루만져 주느라 한시도 쉬지 않는 것이다. 그동안 알을 먹기 위해 수시로 덤비는 물고기들의 공격을 받는 것은 물론, 성게의 공격을 받아 온몸에 가시가 박힌 채 죽고 말 수도 있다.

온갖 어려움을 견디고 드디어 새끼들이 알에서 깨어 나오면 문어 엄마는 한 마리라도 더 살리기 위해 마지막 순간까지 사력을 다해 태어나는 새끼들을 입으로 불어 멀리 보낸다. 그리고 몇십 일 동안 알을 보호하기 위해 아무것도 먹지 않고 있던 문어 엄마는 마침내 새끼들이 다 떠나가면 기진해 죽어 가고, 그것을 알고 주변에 대기하고 있던 물고기들이 몰려와 죽어 가는 문어 엄마를 뜯어 먹어 버린다.

상황에 따라 몸의 색깔을 바꿔 가며 변신을 하고 알을 공격하는 천적들을 막기 위해 돌을 주워다 알의 둘레를 막기도 할 정도로 머리가 영리한 바다의 포식자였던 문어는 자식을 위해 자신의 목숨을 바치는 것이다.

그뿐만이 아니다. 얼마나 많은 동물들이 자기의 자손을 위해 정성과 희생을 다하는지, 책을 통해 각종 미디어를 통해 우리는 알고 있다. 어쩌면 동식물을 막론하고 세상에 존재하는 생명이 있는 모든 것들의 존재 가치는 자신의 후손을 퍼트리는 것에 있을지도 모른다.

지구상에 존재하는 동물 중 생존의 취약성이 가장 높다는 인간이 이만큼이나 종족 증식에 성공한 것을 보면, 인간 또한 오랜 세월에 걸쳐 자신의 자손을 보존하고 퍼트리기에 최선을 다 했기에 몇십억이 넘는 인구가 이 지구 위에 존재하고 있을 것이다.

제발 짐승만도 못한 인간들이 더 이상 없었으면 좋겠다. 스스로 만물의 영장을 자처하는 인간이 만물의 영장이 되려면 최소한 짐승보다는 나아야 되지 않겠는가. 제 자식을 버리고 해하는 인간이 있는 한, 인간은 만물의 영장이 될 수 없을 테니 말이다.

착시(錯視) 효과

 햇님이 그의 자태를 선명하게 드러내고 빛을 쏘아 보내는 아침이다.
 습관처럼 밤새 닫아 두었던 커튼을 젖히고 유리창으로 밖을 내다보던 나는 난생처음 보는 광경에 놀랐다. 꼭 금가루같이 반짝거리는 것이 파란 하늘에서 내려오고 있는데 너무 아름다워서 황홀할 정도다. 그것이 아주 가루같이 흩날리며 내리는 눈인데, 햇빛의 투과를 받아 금빛으로 빛나며 하강하고 있다는 것을 깨달은 것은 조금 뒤였다.
 도저히 눈이라곤 내릴 것 같지 않은 해가 떠 있는 밝은 하늘에서 눈가루가 날리는 것도 이해가 잘 안 됐지만 그것이 금빛으로 빛나는 것이 참 신기했다. 그러나 그 빛나던 금가루들도 몇 분 후에 다시 보니 그냥 평범한 눈이 되어 허공을 떠다니고 있었다. 해가 보내는 빛의 각도와 내가 바라보는 시선의 각도가 절묘하게 맞아서 생긴 환시였나 보다.

 아주 잠깐 동안이지만 마치 누군가 하늘에서 금가루를 뿌려 주는 듯 아름답게 빛나던 눈을 보며 똑같은 물체라도 상황에 따라 어떤 조력이나 후광을 입으면 달라지는 세상의 여러 가지 일들이 문득 연상되었다.

 나는 가끔 사람들이 다 같은 외모 다 같은 능력 다 같은 재능을 가지고 있다면 그 혼란스러움을 어찌 감당하나 싶다. 해서 외모도 능력도 재능도 저마다의 다름으로 천태만상을 이루고 사는 게 다행이라고 생각한다. 세상에 나올 때 부모 잘 만나 금수저로 태어나기도 하고 사주팔자를 잘 타고나 천운으로 돈벼락을 맞거나 어쩌다 시대의 바람을 타고 높은 자리에 앉을 수도 있는 게 우리들이 사는 인간 사회다.

 그런데 사회생활을 하다 보면 결혼한 여자들 중에는 남편의 사회적 지위를 마치 자신의 외투인 양 뒤집어쓰고서 남편의 지위가 자신의 것처럼 허세와 탐욕을 부리는 것을 종종 볼 수 있다. 여성의 사회적 지위가 별로 주어지지 않았던 봉건 시대는 물론 우리나라의 현대사를 보더라도 사회의 지도층에 있는 이들의 부인이 남편의 내조를 넘어서는 특권을 마음대로 누리다가 지탄을 받는 경우가 가끔 있고, 여전히 그런 일로 인한 폐해로 작금의 사회도 국정이 시끄러우니 말이다.

자신이 현재 가지고 있는 지위나 명예를 이용해서 지나친 권위의식을 가지거나 곁에 있는 사람들의 인격을 무시하는 경우는 특히 서열의 권위가 확실하게 서 있는 조직 사회에서 더 두드러지는 편이다. 더러는 어쩌다 얻어걸린 시한부 감투 하나 쓰고서 그것이 원래의 자기 것인 양 영원히 소유할 수 있는 걸로 생각하고 무소불위(無所不爲)로 처신하는 사람도 있다. 타인들의 눈에는 후광이 안 보이는데 본인 스스로 착시를 일으켜서 착각에 빠져 있는 것이다.

자리가 사람을 만든다는 말이 그냥 나온 게 아니라, 그 사람의 능력이나 인품보다는 그 사람이 가지고 있는 사회적 지위나 명예 또는 물질적인 부가 후광이 되어 그 사람을 돋보이게 하거나 타인들의 눈에 꺼풀을 씌우게 만든다는 의미가 아닐까 생각할 때가 있다.

남들이 보기엔 별로 대단치 않아 보이는 지위나 명예를 이용하여 허세를 부리는 이도 조소를 금할 수 없지만, 재물로 사람들을 유혹해서 주위 사람들은 물론 자신의 패가망신을 부르는 경우를 언론을 통해 심심치 않게 볼 수 있는 것도 어쩌면 한순간의 착시 효과가 원인일 수도 있지 않을까 싶다.

사물이나 자연을 찍는 사진도 빛의 조화에 따라 현상이 달라 보이는 것처럼 어떤 이가 가지고 있는 명성이나 지위의 착시 효과로 빛나 보이고 높아 보이는 것에 현혹되는 사람들이 살아갈수록 많아 보이는 건 내 눈의 방향 때문인가?

이런 망상에 가까운 착각에 빠져 있는 사람들이 사회문화가 발전하고 의식주가 풍족해질수록 더 많아지는 현상은 무엇 때문인지? 지구상에서 국민소득과 인구수가 중간 정도인 우리나라가 세계적인 명품 판매 1위 국이라니 명품을 좋아하는 것을 넘어서 명품이 주는 후광을 바라는 사람이 그만큼 많은 것 같아 씁쓰레하다.

심지어 일인 일 차 시대라고 할 수 있을 정도로 자가용이 대중화된 이 시대에 차가 자신의 지위라고 착각하는 사람들이 더러 있다. 엊그제 본 미디어 보도에 의하면 서울의 어느 주차장에서 주차 문제로 작은 시비가 붙었는데, 잘잘못을 가리자는 판에 값비싼 외제 차를 탄 남자가 국산 소형차를 탄 남자에게 몇 푼 되지도 않은 차를 탄 주제에 어디서 시비냐는 말을 뱉었다고 한다.

값비싼 외제 차가 자신을 대신하고 값이 저렴한 소형차가 상대를 대신하는 것처럼 생각하는 정신 상태가 우습기도 하지만, 그런 사고를 유발하는 우리 사회의 물질만능주의가 안타깝다.

있다가도 없어지는 것이 재물이요, 지위도 명예도 권력도 한시적이며 영원한 승자도 패자도 없는 것이 우리가 사는 인간 사회라는 것을 알았으면 좋으련만······.

외눈박이 세상에 가면 두눈박이가 비정상이 되는 것처럼 제각기 다른 가치관과 개념을 가진 무수한 사람들이 사는 세상에서 이해하기 어려운 부조리한 일이 어디 한두 가지랴마는, 입거나 들거나 타고 있는 것들로 자신의 가치를 나타내려고 하는 것은, 정상적인 가치관과 개념을 가진 대다수의 보통 사람들에겐 망상병 환자로밖에 보이지 않는다는 걸 알기나 했으면 좋겠다.

욕망에 대하여

"현실에 충실하게 내일 죽을 것처럼 열심히 살고 적당한 때가 되면 잘 죽고 싶다."

이 말은 내가 아는 지인에게 지금 갖고 있는 욕망이 무엇이냐고 물으니 들려준 그이의 대답이다. 매우 포괄적이지만 어느 정도 나이를 먹고 웬만큼 인생을 살아 본 사람이라면 대다수의 사람들이 갖고 있는 욕망이 아닐까 싶다. 나 또한 그런 소망을 갖고 있으니 말이다.

욕망이란 부족을 느껴 무엇을 가지거나 누리고자 하는 마음이니, 사람마다 타고난 처지와 사정에 따라 저마다 다른 것을 원하는 게 세상의 이치인 것 같다. 또한 시대의 변천에 따라 연령대에 따라 그 욕망하는 것이 변하고 달라지는 게 보통 사람들이다.

전쟁의 참화와 함께 세계 최빈국으로 꼽힐 만큼 가난한 나라에서 세계 10대 선진국에 들 정도의 문화와 경제를 이룬 국가의 원동력 또한 우리 국민들이 가진 잘 살아 보겠다는 욕망이 그 근원이 됐을 것이다.

그 이전 세대는 말할 것도 없겠지만 우리나라가 세계 최빈국에 속해 있던 1950~60년대에 태어나고 자란 가난하고 어려운 이들에겐 원대한 꿈을 꾸거나 높은 이상을 가질 수 있는 환경이나 여유가 없었다. 다만 뭘 하든지 최선을 다해 어떤 일이라도 해서 의식주를 해결하고 자신의 집안을 일으켜 세우는 것이 청소년들이 갖는 소박하고도 큰 욕망이었다.

그러면 절대 빈곤의 벽을 넘어선 이 시대의 사람들은 어떤 욕망들을 품고 있을까? 아주 평범한 이야기지만 대개 청소년기에는 자신의 꿈과 이상을 위한 어떤 것에 도달하기 위한 욕망이 가장 큰 것이 될 수 있지만, 삼사십 대가 되면 안정된 가정과 금전적인 풍족함, 오륙십 대가 되면 여유 있는 시간과 자신의 건강에 대한 욕망이 일반적인 사람들이 가지는 욕망이 아닐까 싶다.

우리들의 삶에 욕망은 필요하다.
인간이 살아가는 사회 또한 역사 이래로 원대한 욕망을 품은 영웅, 학자. 탐험가, 발명가 같은 사람들이 있었기에 문화와 문명이 발전할 수 있었다는 것은 다 아는 사실이다. 하지만 일반적이고 보편적인 사람에게 지나친 욕망은 오히려 독이 되기도 한다. 고로 내가 뭔가를 원하는 욕망이 있다면 그것이 자신이 품어도 되는 욕망인가 하는 변별력이 있어야 된다. 얻는 것이 있으면 잃는 것도 있는 게 이 세상의 이치이니, 그것을 얻기 위해 자신이 해야 하는 것이 있음과 가지고 있는 다른 무언가를 잃을 수도 있음을 알아야 한다.

욕망이 없는 인간이 있을 수 있을까? 인간의 욕망은 한이 없다고 하지만, 일반적이고 보편적인 사람이라면 먼저 스스로 자신에 대한 성찰이 필요하다. 욕망을 품는다고 다 이루어지는 건 아니다. 뜬구름 잡는 식의 허황함보다는 그 욕망을 이루기 위한 구체성과 현실성은 물론 자신의 능력과 상황에 맞게 설정해야 하며 또한 그것을 갖기 위한 각고의 노력이 절대적으로 필요하다. 어떤 욕망을 품고 있느냐에 따라 발전하게도 되지만 욕망은 그냥 이루어지지 않는다. 그것을 이루기 위한 능력이 있어야 함은 물론이요 최선을 다하는 노력과 그 노력이 이루어질 수 있는 기회와 운이 따라야 한다.

인간에게 욕망이란 앉아 있는 사람을 서게 하고 걷는 사람을 뛰게 하는 마력을 갖게 하기도 하지만, 그릇된 욕망은 스스로를 망치고 주위의 지탄을 받게 하기도 하고, 더 나아가 자신을 둘러싸고 있는 일족을 구렁에 빠뜨리는 도화선이 되기도 한다. 빨갛게 타오르는 촛불을 갖고 싶다는 욕망이 앞서서 무작정 불로 뛰어들어 결국 그 촛불에 타 죽고 마는 불나방 같은 욕망은 어리석고 슬픈 욕망이 될 뿐이다.

꽤 오래전 이야기지만 '풍선 아줌마'라는 닉네임으로 매스컴을 탄 여인이 있었다. 자신의 얼굴에 불만이 있었던 그녀는 예뻐지기 위하여 얼굴을 고치기 시작한 것이, 눈을 고치면 코가 마음에 안 들고 코를 고치면 입술이 마음에 안 드는 식으로 얼굴의 이곳저곳을 고치다 도가 지나쳐서 그 부작용으로 얼굴이 보통 사람의 두 배가 될 정도로 마치 풍선처럼 부풀어 올라 버렸다.

그런데 정말 안타까운 것은 성형을 하기 전 그녀의 얼굴이 보통 여인들이 부러워할 정도로 미인이었다는 것이다. 부풀어 오른 얼굴과 그로 인해 망가진 건강 때문에 집 안에서만 칩거하다시피 살게 된 그녀는 뒤늦게 자신의 지나친 욕망을 반성했지만 돌이킬 수 없는 후회가 될 뿐이었다.

우울증 환자는 미래에 대한 욕망이 없다고 한다. 인간에게 욕망이란 삶을 살아가게 하는 원동력이 되기에 살아 있는 한 욕망은 필요하다. 다만 자연의 순환에 봄·여름·가을·겨울이 있어 그 계절에 따라 삼라만상의 움직임이 다른 것처럼 자신의 능력과 위치, 주어진 조건에 따라 적절한 욕망을 추구하는 것이 중요하다. 낙엽이 떨어지는 가을에 봄에 피는 꽃을 원하는 것은 이루어지기도 어렵고 어리석음이 될 뿐인 것처럼 말이다.

우리는 살아 있는 한 늘 무언가를 욕망하고 그 욕망을 채우기 위해 노력한다. 그러나 욕망의 충족은 잘 이루어지지 않는다. 대체로 욕망은 끊임없이 움직이며 욕망은 또 다른 욕망을 낳기도 한다. 해서 옛 선인들은 지분(知分) 자신의 분수를 알고, 지족(知足) 스스로 만족할 줄 알고, 지지(知止) 스스로 멈출 줄 알아야 한다고 했다. 인간이 욕망을 추구하는 원인이 행복해지기 위해서라면, 그 움직이는 욕망을 적절하게 조절하고 그 조절된 욕망이 안정적일 때 인간은 행복을 느끼는 게 아닐까 싶다.

3부

남아 있는 날들을 위하여

가치 있게

저절로 발길이 그쪽으로 향했다. 오늘은 제대로 피었으려나? 봄이 오긴 온 모양인데 흔쾌하게 오질 않아서 기다리는 사람들 마음을 애태웠다. 절기는 봄인데 봄이 봄 같지 않으니 말이다. 시도 때도 없이 비가 자주 질금거리고 기온이 오르락내리락하더니 일조량이 부족한지 벚꽃이 피는 시기가 예년보다 늦었다.

때문에 전국 각지의 벚꽃축제가 우왕좌왕 지자체마다 난리가 났다. 내가 사는 곳에서도 예정했던 벚꽃축제를 꽃이 피지 않아 일주일이나 미뤘다. '하느님의 뜻에 따라야 합니다.'며 이유를 알리는 현수막의 글귀가 재미있었지만, 하느님의 뜻을 정확히 맞추지는 못한 듯하다.

아! 드디어 피었구나. 연분홍색 거대한 꽃등이 줄지어 켜진 듯 환하게 웃고 있는 벚나무들을 바라보며 걸음을 재촉한다.

며칠째 벚꽃을 보러 아침 산책길을 일부러 그쪽으로 걸었지만 가지 끝에 한두 송이씩 지지부진하게 피어 있어서 별로였다. 역시 벚꽃은 나무 전체의 꽃송이들이 수많은 군중이 만세를 부르듯 일제히 피어 있을 때가 가장 화사하고 아름답게 보인다. 꽃송이 하나하나가 예쁘지 않은 건 아니지만 여남은 아니면 여기 조금 저기 조금 피어 있을 때보다 그 나무에 있는 모든 꽃송이들이 다 함께 피어 있을 때 그 아름다움이 배가된다.

또한 벚나무가 한 그루 홀로 피어 있는 것보다 길 한쪽으로 일렬로 죽 늘어서서 피어 있는 것이 더 좋아 보인다. 그보다 더 좋은 것은 적당한 간격을 두고 길 양쪽으로 늘어선 벚나무 가지가 서로 팔을 벌려 손을 잡을 듯이 맞닿아 있는 곳에 벚꽃이 필 때다. 그럴 때면 마치 꽃의 궁전에 초대받은 양 마음이 밝아지고 황홀해진다. 그런 곳에 가면 너무 좋아서, 그 기분을 오래 즐기고 싶어서, 그곳을 벗어나고 싶지 않아서 천천히 그 꽃길을 반복해서 왔다 갔다 하게 된다.

이 세상에 존재하는 모든 것에는 제각기 나름대로 가치가 있겠지만 그것이 어느 자리에 어떻게 있느냐가 참 중요하다는 생각이 가끔 들 때가 있다. 벚꽃은 한두 송이 피어 있을 때보다 다 같이 어우러져 피어 있을 때 훨씬 아름답게 보이고 그 가치가 돋보인다.

그런데 벚꽃만이 아니라 개나리와 영산홍 같은 작은 꽃들도 한두 송이 보다 합창을 하듯 군락을 이룬 무리 전체가 서로 어우러져 모든 꽃들이 다 함께 피어났을 때 더욱 예뻐 보인다. 내 느낌인지 몰라도 그래서 꽃에 따라 피어나는 시기를 서로 잘 맞추는 게 아닌가 하는 생각을 한다.

꽃들만이 아니라 인간들 또한 다난한 세상을 살다 보면 때로는 나보다는 우리라는 가치를 더 중시하고 거기에 합류해서 조화롭게 다중의 하나가 되어야 할 때가 있다. 그렇다고 자신이 가진 개성이나 능력을 무조건 숨기거나 포기하라는 게 아니다. 절기가 바뀌는 겨울의 끝자락에 홀로 피어난 한 송이 꽃이 봄을 알리는 전령사 노릇을 하는 것처럼 자신의 능력과 노력으로 과감하게 자신을 드러내어 사회에 이바지할 수 있는 무엇이 된다면 그 또한 가치 있고 보람찬 일이 될 것이다. 무언가의 가치란 때와 장소나 경우에 따라 달라지는 것이니 그 처신에 따라 아름다움과 가치가 배가되는 게 우리들이 사는 세상이다.

절대 빈곤의 시대를 살아 나온 세대로서 등 따습고 배곯지 않은 나날을 여일하게 지내다가도 문득 나는 무엇 때문에 사는

가 하는 의문이 들 때가 있다. 젊은 날의 의무와 책임을 벗어난 지금의 시간들을 한가하고 여유롭게 지내다가도 현재 나 자신의 존재에 대한 의미와 가치에 회의가 일 때가 있는 것이다.

어떤 생산적인 일도 하지 않고 먹고 싸고 자는 게 전부인 삶이 아무 가치도 없는 것 같은 느낌이 들어 가슴이 헛헛해지기도 한다. 그럴 때면 한 줄기 물줄기를 찾는 목마른 자가 되어 나의 가치를 찾을 수 있는 책 속의 문장을 찾아 헤맨다.

"하다못해 돌멩이 하나를 쌓는 일도 가치를 부여하면 보람찬 일이 된다. 행복이나 불행을 느끼는 것은 우리가 상황을 어떻게 받아들이느냐에 달려 있으며 행복은 자신이 가진 것에 얼마나 만족하느냐에 달려 있다."

그렇다. 자기 스스로의 가치를 깨닫는 것 또한 자신의 존재에 대한 자신의 마음가짐에 달려 있는 것이다. 자기 자신을 스스로 하찮은 존재로 여긴다면 그렇게 될 것이고, 고귀한 존재로 여긴다면 그렇게 될 것이라는 깨달음을 얻는다. 무릇 생명이란 살아 있다는 자체만으로도 저마다의 존재로서 가치가 있는 것이니 말이다.

누군가 나에 대해 혹평을 하더라도 너무 기를 펴지 못하거나 겁을 먹지 말 것이며 아무도 나를 알아주지 않는다고 지레 실망할 것도 없이 나 자신의 신념과 가치관을 굳건히 지키고 사노라면 어느 순간 자신의 존재에 대해 흔들리지 않는 가치와 자신감이 생길 것이다.

  그걸 위해서 스스로 자신에 대한 의미와 가치를 찾자는 마음을 다잡는다. 내가 건강하기를, 내가 평안하기를, 내가 행복하기를, 내가 성장하기를 추구하며 비록 사라져 가는 연기 같은 삶의 끄트머리를 살지라도 저녁 하늘을 수놓는 아름다운 그림이 되기를 염원한다.

사진의 기억

빛은 마법을 부린다.

계절을 특징짓는 온도와 날씨에 따라 눈에 보이는 모든 것들이 다르게 보이기도 하지만, 그날의 햇빛의 명도와 채도에 따라 똑같은 풍경도 다르게 보인다. 항상 보는 산이라도 어느 날은 훨씬 웅장하고 산의 경사도 조금 더 가파르게 보이는가 하면, 나무들의 어울림이 이루는 산 숲의 색감이 수채화의 물감 농도에 따라 달라지듯 다르게 보인다.

사진 또한 어떻게 찍느냐에 따라 완전히 달라진다. 도시가 됐든 자연이 됐든 그날 날씨의 영향은 말할 것도 없고 어디서 어디만큼 어느 쪽에서 찍느냐에 따라 그저 그런 사진이 될 수도, 아주 화려한 사진이 될 수도 있다. 사람의 얼굴 또한 찍는 각도에 따라 달라진다고 한다.

그래서 가끔 사진으로 본 아름다운 풍경을 기대하고 찾아갔다가 사진보다 별로인 풍경에 실망하는 경우가 있고, 예전에 교통이 발달하지 않았던 산골 마을에서 중매쟁이가 가져다준 서로의 얼굴 사진만 보고 혼담을 이뤘다가 실물을 보고 실망을 하기도 했다는 얘기를 들은 적도 있다.

내가 예전에 살던 고장에 사람 얼굴을 잘 찍는 사진관이 있었다. 간판도 '인물사진관'이라고 걸고 있는 그 사진관의 사진사는 사람마다 다른 얼굴에 음영의 조화를 맞춰 가장 아름답게 보이는 각도를 잘 잡아서 사진을 찍었던 것 같다. 그 사진관엘 가면 사진을 찍을 때 특히 조명에 신경을 많이 쓴다는 느낌이 들었었다. 아무튼 그래서 그 사진관의 사진값이 다른 곳에 비해 녹록지 않았는데도 중요한 사진을 찍으려면 그곳을 찾았었다.

얼마 전 기한이 다 된 여권을 바꿔야 해서 여권 사진을 찍으러 가기로 했다. 이 고장으로 이사 와 살면서 가끔 필요한 인물사진을 찍을 때면 그 사진관 생각이 났지만 몇십 킬로나 떨어진 곳까지 가는 게 번거로워서 가까운 사진관에서 찍고 말았다. 하지만 내 자신의 얼굴이 잘생기고 못생기고를 떠나 가장 못생긴 부분만 부각시켜 놓은 듯한 여권 사진을 볼 때마다 기분이 언짢고 불쾌했다.

해서 요번에는 좀 멀더라도 인물사진관으로 가기로 작정을 하고 그곳에 살고 있는 지인에게 인물사진관의 존재 여부와 위치를 전화로 물어보았다. 지인의 대답은 굳이 인물사진관을 갈 필요 없이 자신의 가게 근처에 있는 사진관에서 찍어도 잘 나온다며 장소를 알려 줬다.

우린 반신반의하면서 그곳을 찾아가서 사진을 찍었는데, 과연 흡족하지는 않지만 괜찮게 나왔다. 그곳은 사진을 잘 찍는 기술이 있는 곳이 아니라 일명 뽀샵이라는 컴퓨터 기술이 좋은 곳이었다. 하지만 사람이 가진 기술이 기계에 침해당하는 것 같고 인물사진관에서 찍은 사진만큼은 아니라서, 훨씬 싼 값을 주고 받은 사진이 별로 탐탁지 않게 느껴졌다.

사진은 거울이다.

현재의 내 모습을 반영하기도 하지만 많은 날들이 지나간 뒤 과거의 내 모습을 뒤돌아볼 수 있는 추억 속의 거울이다. 이제는 이 세상 어딘가에 존재하는지조차 모르게 된 오래된 단체사진 속의 얼굴들을 보노라면, 시간의 소멸에 따라 구름이 흩어져 가듯 알게 모르게 잊혀 간 한때의 인연들과의 관계에 대한 성찰을 하게 되기도 한다.

사진은 내 기억을 소환한다. 기뻤던 날의 기쁨과 슬펐던 날의 슬픔과 내가 기억할 수 없는 갓난아기 시절 보드라운 뺨과 토끼 같은 눈을 가진 백일 날의 얼굴을 또렷이 보여 주고 저 어린 일곱 살 초등학교 입학식 날의 불안하고 얼떨떨했던 나의 기분을 생생하게 되살려 낸다.

그리고 내겐 낯설게 느껴지는 풋사과 같은 젊은 엄마의 모습을 보여 준다. 나의 엄마는 사진 찍기를 좋아하셨다. 일제강점기 시절 태어나 민족의 고난 시기를 살았던 엄마는 멋쟁이셨다. 여학교를 나와 시청에 근무하며 나름 신여성으로 사셨던, 지금 봐도 모던한 옷차림과 표정으로 남아 있는 돌아가신 엄마의 젊은 시절 사진을 들여다볼 때면 시대를 앞서간 엄마의 고뇌를 조금 알 것 같기도 하다.

이제 사진관을 찾거나 카메라를 가지지 않아도 언제든지 손에 든 핸드폰으로 사진을 찍는 시대가 됐다. 인물이든 음식이든 습관처럼 찍어 대는 사진 찍기는 지나간 시절 무슨 기념일이나 특별한 때에 큰맘 먹고 찍어서 간직했던 사진의 소중함을 사라져 버리게 만들었다. 하긴 사진만이겠는가, 물질의 풍요로움과 맞바꿔져 가는, 모든 중요하고 소중한 것들이 하찮음과 가벼움으로 변질되어 가는 시대가 마뜩지 않다.

꽤 오래전부터 나는 불가피한 경우가 아니곤 가급적 사진 찍기를 기피한다. 무엇이 됐든 이제 정리를 해야 할 인생의 황혼기에 접어든 나이 탓도 있지만, 자연이 됐든 인물이 됐든 살아갈수록 사진기로 찍는 사진만이 사진이 아니라는 생각이 들 때가 많다. 언젠가는 한 무더기의 쓰레기로 남겨질지도 모르는 인화지 속의 사진보다는 오히려 마음으로 찍어지는 사진이 더 진실하고 가치 있다고 느껴지니 말이다.

나이를 먹어 갈수록 사람마다 가지고 있는 얼굴이 여러 가지로 느껴진다. 어떤 이는 하나의 얼굴로 기억되는가 하면, 어떤 이는 두 개나 세 개의 얼굴이 보이고, 어떤 이는 너무나 다면을 가지고 있어서 어떤 면이 그의 진짜 얼굴인지 헷갈려지는 이도 있다. 모두 눈으로 찍어지는 얼굴은 하나지만 마음으로 찍어지는 얼굴은 다르다는 얘기다.

기억은 사진이 되기도 한다. 그때그때 내 느낌대로 찍힌 누군가의 기억이 그의 진짜 모습일지? 시간은 인간을 성찰하게 만드나 보다. 어쩌면 나의 왜곡된 마음이 찍은 왜곡된 모습일는지도 모르겠다는 생각이 들기도 하니 말이다.

언젠가 나는 사라져 갈 것이다. 내가 사랑했던 사람들의 기억 속에 남겨질 내 모습이 어떤 느낌의 사진으로 남겨질지? 오랫동안 고민해 오는 나의 숙제다.

추억 속의 아이

초등학교 앞 횡단보도를 가방을 멘 한 아이가 지나간다. 교문 근처엔 아무도 보이지 않는다. 키와 몸집으로 봐선 입학을 한 지 얼마 되지 않은 저학년생 같은데 시계를 보니 일 교시는 지났을 것 같다. 늦어도 한참 늦은 등교 시간도 아랑곳하지 않고 느린 걸음으로 교실로 향하는 아이를 보며 문득 오래전 기억 속의 그 아이가 생각난다.

그 아이는 도시 변두리에 사는 아이였다.
아이의 엄마는 일류병이었는지, 아니면 깨어 있었던 것인지 집 가까이에 있는 초등학교를 두고 중심지에 있는 조금 반짝이는 학교에다 아이를 입학시켰다.
동네에 아이들은 많지만 모두 가까운 학교로 다니고 있어서 아침이면 끼리끼리 몰려서 학교로 향하는 동네 아이들을 바라보며 아이는 혼자서 집을 나섰다. 가난한 후진국이었던 그 시절엔 모든 행정 절차가 그리 까다롭지 않았던지 만 여섯 살이 채 못 돼서 학교에 다니게 된 아이에게 학교까지 가는 길은 천 리만큼이나 멀었다.

아이의 학교 길은 건물들이 번화하고 보이는 것들은 찬란했다. 가방을 메고 집을 나서면 과자·사탕·오징어·또뽑기 등 온갖 군것질 장수들이 좌판을 벌이고 앉아 있는 다리목을 지나 신영균·김지미·최은희 같은 유명 배우들의 얼굴이 커다랗게 그려진 간판이 붙어 있는 극장을 지나 양과자로 유명한 제과점을 지나 온갖 물건들이 늘어서 있는 큰 시장을 지나 약장수 선전과 함께 여성국극단이 구성진 공연을 하는 나이롱 극장을 지나고서도 한참을 더 가야 학교에 닿을 수 있었다.

원래 형제들 중 멍때리기 잘하기로 이름이 났던 아이는 매일 아침 그 먼 길을 나서면 길가의 모든 것에 정신을 빼앗겼다. 다리목의 장사꾼이 벌여 놓은 온갖 군것질거리를 곁눈질하기도 하고, 극장 간판에 나붙은 영화배우들의 얼굴을 감상하기도 하고, 가는 길에 줄지어 있는 쇼윈도의 알록달록한 물건들에 관심을 기울이다 학교에 도착하면 언제나 지각이었다. 열심히 공부하고 있는 교실 뒷문을 조심스레 열고 들어가면 1학년 담임이었던 여자 선생님은 아무 말 없이 수업을 계속하셨다.

아이를 가진 엄마 선생님은 인자하셨다. 다음부터는 지각하지 말라는 선생님의 훈계를 들으면 한 이틀 정신을 차리고 가까스로 수업 시간 전에 들어가다가도 걸핏하면 지각을 하는 아이에게 한 번도 혼을 내지 않으셨고, 신발을 넣은 신주머니를 잃어버렸을 때도 선생님은 아무 말 안 하시고 자신의 실내화로 신던 슬리퍼를 신고 가라며 내주시기도 했다. 그렇게 엄마 선생님의 배려로 아이의 1학년은 지각은 할지언정 결석은 없이 무사히 지나갔다.

그러나 2학년에 올라가면서 아이의 학교 출석은 곡절을 겪을 수밖에 없었다. 새파랗게 젊은 남자 선생님이었던 2학년 담임은 아이가 지각을 하면 호된 질책과 함께 체벌을 하곤 했다. 하지만 건망증이 심한 데다 길거리의 온갖 유혹을 이기지 못하는 일곱 살 아이의 지각을 막진 못했다. 오히려 아이는 뒤늦게 도착한 학교에 수업이 시작된 것 같으면 호랑이 담임선생님이 무서워서 아예 교실에 들어가질 않고 다시 거리로 나왔다.

이곳저곳 시장 거리를 배회하고 길거리 쇼윈도의 물건들도 실컷 들여다보고 약장수 선전과 함께하는 여성국극단의 연극

판에 끼어들어 구경을 하는 것으로 학교 수업을 대신하고, 친구들의 하교 시간에 맞춰 집으로 돌아갔다. 아이는 그렇게 하루 이틀 학교 수업을 빼먹다가 나중에는 아예 무서운 호랑이 선생님을 보느니 《심청전》, 《춘향전》, 《흥부전》 등 재미있는 나이롱 극장의 국극단 배우들 공연 보기를 택했다.

전화도 없고 통신 시설도 발달되지 않았던 그 시절 학교에서 가정으로 연락이 안 되었던 탓에 아이의 결석은 계속될 수 있었다. 하지만 열흘이 지나고 보름이 넘어가면서 나이롱 극장의 되풀이되는 레퍼토리에 싫증이 난 아이가 하교 시간보다 일찍 집 앞을 맴돌며 노는 것을 본 동네 어른들의 귀띔으로 무단결석이 발각됐다.

보름이 넘는 무단결석이 들통나서 학교와 집이 한바탕 뒤집어지고 어른들의 호된 질책과 감시 속에 집 가까이 있는 학교로 전학이 되는 걸로 아이의 결석 사건은 끝이 났다. 어찌나 혼이 났는지 그 덕분에 식구들의 골칫거리였던 아이의 멍때리기 버릇도 사라졌다.

그리고 세월이 흘러 아이는 어른이 되어 갔다.
어렸을 적 학교 지각 사건 이후로 행인지 불행인지 아이는 시간관념이 투철해졌다. 누구를 만나는 약속 시간은 물론이고 공부나 회합을 하는 모임에도 오 분에서 십 분 먼저 가거나 정확하게 시간을 지키는 사람이 됐다.

낯선 장소를 싫어하고 어디 가서 혼자 우두커니 앉아 있기를 꺼리는 그는 정해진 시간을 지키기 위하여 걸음의 속도까지 조절해 가며 걷는다. 어쩌다 미리 집을 나서서 일찍 약속 장소에 도착하면 시간에 맞추기 위해 근처를 배회하기 일쑤다. 그래서인지 약속 시간에 늦는 사람을 이해하지 못하고 누군가를 기다리거나 느긋하고 한가롭게 앉아 있지를 못한다.

어쩌다 몸이 아프면 찾아가는 한의원도 침을 꽂고 멍하니 누워 있는 시간이 지루하고 짜증이 나서 어지간하면 아파도 참고 견디기 일쑤다. 심지어 집 안에서 먹는 가족들의 식사 시간도 정확하게 지키지 않으면 화가 나서 어쩔 줄 모른다. 시간에 관한 그의 강박감 때문에 가족들과의 마찰이 일어날 때면 자신의 생각과 행동을 바꿔 보려 하지만 잘 안 된다.

그는 가끔 이제는 찾을 수 없는 그 어린 날의 느긋함을 그리워한다. 어떤 경우에도 시간을 맞추지 않으면 스스로 견딜 수 없는 강박에 빠져 버린 자신을 바라보며 멍때리기 대회에 도전하는 사람들을 부러워하는 사람이 됐다.

오래전 추억 속의 그 아이는 어디로 갔을까? 방금 전 뒤늦은 등교 시간에도 서두르지 않고 느긋하게 교문을 들어서던 그 아이의 여유로움이 사라져 버리지 않기를, 그는 마음으로 빌어 주고 싶어졌다.

마음의 지표

　부끄러워 볼이 붉어진 소녀처럼 곱게 익어 가는 가로수 잎 사이로 바람이 분다.
　한 잎 두 잎 아직 노랗게 물들지 못한 은행잎이 바람에 밀려 떨어진다. 채 지워지지 않은 초록빛 때문에 더욱 서럽게 보이는 떨어진 낙엽이 애처롭게 느껴진다. 계절의 순리를 아는지 들판의 벼가 누렇게 익어 가듯 긴 여름 공원을 푸르게 물들이던 잔디 또한 스스로 노랗게 익어 가고 있다. 어쩌면 하찮게 느껴지는 잔디조차도 자연의 섭리에 순응할 줄 아는 지혜를 가졌는지.
　인간의 삶의 자세도 이렇게 겸손하고 겸허하게 자연의 섭리를 따를 줄 아는 지혜가 필요하리라. '성숙한 인간이란 자신의 삶에 만족할 줄 아는 지혜를 터득한 사람이다.'라는 말이 있다.

어떤 인간이 신에게 "인간에게서 가장 놀랍게 여기시는 점은 어떤 것들입니까?"라고 물었더니 신께서 이같이 대답했단다.

"첫째 어린 시절이 지루하다고 안달하며 서둘러 어른이 되려 하고 어른이 되면 다시 어린애로 돌아가고 싶어 하는 것, 둘째 돈을 벌기 위해 건강을 해치고 나서는 잃어버린 건강을 되찾기 위해 번 돈을 다 써 버리는 것, 셋째 미래에만 집착하느라 현재를 잊어버리고 결국 현재에도 미래에도 살지 못하는 것, 넷째 영원토록 죽지 않을 것처럼 살다가 마침내는 하루도 못 살아 본 존재처럼 무의미하게 죽어 가는 것들."

누군가 만들어 낸 우스갯소리이긴 하지만 일반적이고 보통인 사람들의 삶에 대한 행동 패턴을 대변한 것 같다.
어떻게 살 것인가?
'숙고하지 않는 삶은 살 가치가 없다(소크라테스).'는 성인의 말씀을 빌리지 않더라도 미비하나마 덜 후회하는 삶을 살려면 자신만의 삶에 대한 마음의 지표가 필요하다. 그러나 세상에 태어나 반세기가 넘는 세월을 살아왔지만 나대로의 정체성과 삶에 대한 가치관을 찾기란 그리 쉽지 않았다.
책을 통해서 지식을 쌓고 부모 · 형제 · 선생 · 친구 등 주변인들의 행동 양식을 보고 배우지만, 내가 속해 있는 사회가 가지고 있는 전통이나 규범 또는 일반적인 의견에 반대하여 자기만의 독자적인 판단을 유지하기란 어려운 일이다. 단순한 사람은 자신에게 주어진 사회가 가지고 있는 보편적인 가치관에 파묻혀 버리고, 영리한 사람은 나름 독자적인 자신만의 가치관을 정립해 보려 하지만 일반적인 통계적 다수에 굴복해 버리는 것이 보통이지 싶다.

내가 오랫동안 중요하게 생각하거나 추구해 왔던 것은 정신적인 것들이었다. 학문적인 배움이나 지식의 탐구 같은 지적인 추구를 중요하게 생각해서 비교적 육체적인 것들은 등한시했었다. 잘하지도 못하지만 운동을 하거나 어떤 기예를 배우는 것은 그리 가치 있거나 보람 있는 거라고 생각질 않았다.

그것이 나이가 들어 가면서 생각이 바뀌기 시작했다. '재산을 잃으면 조금 잃는 것이요 명예를 잃으면 많이 잃은 것이요 건강을 잃으면 다 잃는 것이다.'라는 격언이 살아갈수록 가슴에 와닿는다.

누구나 그렇겠지만 내게 주어진 삶의 현실은 온갖 방해물을 치우며 길을 만들며 나아가는 정글 같을 때도 있었고, 한겨울 얼어붙은 얼음판 위를 가까스로 기어서 나아갈 수밖에 없을 때도 있었다. 누구도 대신해 주거나 해답을 주지 않는 고난의 순간은 말할 것도 없지만, 삶을 영위하기 위한 기본적인 의식주의 해결을 위해서나 인간이 갖는 자아의 실현을 하기 위해서는 끊임없는 지식의 습득과 나름대로의 분별력과 판단이 필요했다.

돌아보면 삶의 굽이마다 지식과 분별력 둘 다 필요하지만 가장 중요한 것은 판단력이었다. 분별력이 있으면 지식이 없어도 되나 지식에는 분별력이 동원되어야 하고 그것의 취사선택을 위한 판단력이야말로 삶의 흥망성쇠를 좌우한다고 나는 생각하게 됐다.

이루고 싶은 것도 많고 갖고 싶은 것도 많고 뭐든지 할 수 있을 것 같았던 젊음의 시절이 지나 중년의 나이가 넘어가면서 '욕망이 지나치면 탐욕이 되고 탐욕의 반대말은 무욕이 아니라 만족이다.'라는 말이 수긍이 되었다. 비로소 모든 일에 분수를 알고 만족하면 지나친 욕망으로 인한 욕은 당하지 않을 것이라는 걸 알게 되었다.

결국 자기 몸에 맞지 않는 욕망에 사로잡히는 것은 치수가 맞지 않는 남의 옷을 빌려 입고 싶어 하는 것이나 마찬가지지 않을까 하는 자각이 생겼다. 그때부터 나름대로 내가 가진 욕망에 대한 수위를 조절하고 성찰과 반성을 하려고 애를 썼다.

그리고 몇 가지 지표를 세우고 살다 보니 이순이 넘은 이즈음엔 나름대로 나의 욕망에 대한 스스로의 저울 같은 것이 생겼다.

몇 가지 정해 놓은 것은 욕심은 가지되 스스로의 분수에 대해 숙고를 하며 분수 밖의 것은 탐하지 않을 것, 목적하는 꿈은 가지되 그 꿈을 위한 노력을 게을리하지 않으면서 목적하는 꿈의 한계선에 닿으면 적당히 만족하려고 노력할 것, 꿈을 현실이라는 지면에서 닿을 수 있는 것까지 설정하고 설혹 그 꿈이 빨리 이루어지지 않을지라도 '아직은 아니지만 언젠간 꼭 잘될 것이다.'라고 긍정적인 마음을 갖는 것 등이다.

나는 인간적으로 부족한 것이 많지만 최선을 다하려는 마음을 갖추려고 한다. 살다 보면 자의건 타의건 실수를 하기도 하고 과오를 범하기도 하지만 끊임없는 자기 성찰을 하며 실수를 줄이려는 노력을 한다.

진짜 가진 것이 많은 이들이 보면 웃겠지만, 내가 가진 물질의 양이 많음에 스스로 감사하면서도 때로 부끄러움을 느끼기도 하고 때때로 내가 가진 것들을 나보다 부족함을 느끼는 이들과 나누고 싶어 하기도 한다. 하지만 나의 욕망의 일부분을 채워 줄 수 있는 것들이 또 다른 이들의 욕망에 소용이 닿을지 어쩔지 몰라 남에게 내주기를 저어할 때가 많다. 그 대신 누군가 내가 가진 것에 탐욕의 눈길을 보내면 나는 그것을 과감하게 내줄 줄도 안다.

이즈음 내가 가장 마음에 두고 있는 것은 마음이 건강하고 조화로운 사람이 되는 것이다. 마음이 건강하고 조화로운 사람이란 자비롭고 따뜻한 마음을 가진 사람이라고 한다. 과연 나는 건강하고 조화로운 사람인지 자주 자문해 보고 그에 가까운 사람이 되려는 욕심을 품는다.
또한 나는 내게 주어진 시간을 바르고 알차게 사용하고 있는지 점검해 보곤 한다. 푸르던 시절 내게 주어진 시간이 결코 무한하지 않다는 걸 이론적으로 알아 왔었다면, 단풍잎이 되어 가는 즈음부터 시시각각 조여 오는 시간의 유한함을 오감으로 느낀다. 그럼에도 불구하고 내게 주어진 시간을 바르고 알차게 사용하고 있다고, 자신 있게 그렇다고 수긍할 수 없는 것이 아쉽고 부끄럽다. 다만 삶이 끝나는 날까지 이따금 흐트러지는 내 삶의 자세를 바르게 잡고자 하는 나의 노력은 놓지 않을 것이다.

남아 있는 날들을 위하여

잿빛 구름으로 덮인 어두운 허공에 비바람이 몰아친다. 창문 건너편에 보이는 마을 공원의 정자 지붕에도 빗방울이 쏟아진다. 공원의 주인인 거대한 몸집을 자랑하는 수령이 이백 살이 넘은 팽나무의 넓게 펼쳐진 가지들이 천지 사방으로 흔들린다. 가을이 깊어 가면서 갈색으로 물들어 가던 잎들이 휘몰아치는 바람에 우수수 떨어져 흩날린다.

언젠가 떠나야 할 것을 잎들은 알고 있었을까? 알았든 몰랐든 어떤 연유이든 정든 것과의 이별이나 관계의 단절은 살아 있는 모든 것들에게 가슴 쓰리게 하는 일이지 않을까? 어느 쪽에서 불어오는지 방향조차 가늠할 수 없는 바람의 횡포에 속절없이 떨어져 내리는 잎들의 방황을 보며 알 수 없는 어딘가로 떠나야 함은 불안함과 서글픔이 앞서는 일이라고 나는 느낀다. 따라서 비바람과는 상관없이 방 안에서 바라보고 있는 내 가슴 속이 서서히 진회색으로 물들어 간다.

사는 일이 내 마음 같지 않게 전개될 때가 있다. 무엇 때문에 살아왔는지? 왜 살아가야 하는지? 어둠 속을 헤매듯 한 치 앞을 알 수 없는 세상살이에 마음이 무거워지면, 그 어느 날 풋풋한 젊음을 등지고 깨달음을 얻기 위해 세속을 떠나 수행자가 된 그이가 아련히 떠오른다. 때가 되면 밥을 먹듯 어쩔 수 없이 나이를 먹어 가면서, 인간으로서 도리와 본분을 먼저 하라고 못마땅한 얼굴로 떠나보낸 그때의 내가 부끄러워질 때도 있었다.

나름대로 의미와 가치를 두고 탐색해 왔던 나의 삶이 엉클어져 버린 털실 뭉치처럼 어지러워질 때면 쥐고 있던 모든 것을 놓아 버리고 싶은 순간도 여러 번이었다. 내게 주어진 삶의 난제를 풀어 보려고 쉽게 해석되지 않는 철학책을 읽기도 하고, 누군가를 만나 인생을 논하거나 주어지지 않는 사랑을 탐하기도 했었다.

그러나 어디에도 해답은 없었고, 무엇 때문에 사는 건지 왜 사는 건지도 모르면서 되풀이되는 일상 속에 청소를 하고 빨래를 하고 무언가를 입속에 집어넣으며 연자방아에 매어진 한 마리 짐승처럼 관성에 따라 돌고 돌며 그렇게 하루하루를 살아온 것 같다.

몸의 힘을 완전히 빼면 물 위에 떠 있을 수 있다는 수영 강사의 말을 듣고도 힘을 빼 버리면 물속으로 가라앉아 버릴 것만 같은 두려움을 가진 바보처럼 허우적거리느라 지쳐 버린 육신을 추스르며 마음만이라도 다치지 않고 하루가 지나가기만을 바라던 때도 많았었다.

이제 그렇게 팽팽했던 삶의 줄다리기가 끝나 가고 있다.
언제부터인지 나의 삶이 저물어 가고 있고, 나는 지금 저물어 가는 내 인생의 뒤안길을 걷고 있다는 느낌이 들 때가 더러 있다. 평균 수명이 길어지고 노년에 대한 사회적 기준 연령이 높아지는 것과는 상관없이 내가 속해 있는 가정과 사회에서의 역할이 사라지고 역량이 무너져 가는 걸 느끼면서 스스로의 존재에 대한 의미와 가치를 돌아보게 된다.
어떤 의무와 책임을 벗어 버린 생활은 자유롭고 무엇을 꼭 하지 않으면 안 된다는, 오랜 생활인의 부담으로부터 홀가분한 상태이기도 하지만 때로는 자신의 존재에 대한 공허함이 밀려오기도 한다. 어떤 문제든 그 처해 있는 상황을 어떻게 받아들이고 해석하느냐에 달려 있기도 하다지만 처음 살아 보는 노년의 삶은. 그것도 삶의 입지도 신체적인 능력도 점점 작아지는 현실 앞에 허허로움이 앞선다.

그렇다고 자신의 삶을 포기해 버릴 수는 없는 것, 나에게 주어진 남아있는 날들을 위하여 생각해 본다.

누군가 마음이 유연해지면 인생살이가 편해진다고 했는데 가급적 즐겁게 살도록 노력해야겠다. 인간관계에 있어서 서로가 서로에게 좋은 관계가 지속되려면 너그러움과 이해와 관용, 거기에 더하여 배려와 협조가 있어야 하듯이 오롯이 혼자로 살아가야 하는 노년의 마음가짐 또한 그래야 될 것이다.

나와 관계 지어진 모든 것과 나 자신에게, 물질적인 것이든 정신적인 것이든 너무 경제적인 것을 따지지 말고 조금 여유를 가지고 무언가를 결정하는 습관을 길러야겠다. 늘 꽉 조이는 옷을 입고 있는 듯 미끄러운 살얼음판을 걷는 듯 긴장하며 써 오던 마음가짐도 조금은 풀어놓을 줄 알아야겠다. 또 늘 매사에 감사하는 마음을 가져야겠다. 내 가족뿐만 아니라 내가 만나는 모든 사람들과 인연들을 소중히 생각하고, 원만하고 부드럽고 이해심이 많은 품이 넓은 사람이 되어야겠다.

언제까지라고 약속되어 있지는 않지만 내가 살아가야 할 남아 있는 날들을 위하여 나의 인생은 아무도 대신해 줄 수 없다는 걸 마음에 새겨서 죽는 날까지 누구의 조력이나 눈치를 보지 않는 온전히 나 자신의 의지와 활동으로 나의 존재에 대한 자존을 지킬 수 있는 능력을 기르기 위해 최선을 다하는 생활을 해야겠다.

어린 시절부터 타인들에게 제대로 인정받기를 이해받기를 가치 있게 여겨 주기를 바랐던 나의 바람을, 스스로 나 자신을 인정하고 이해하고 가치롭게 여길 수 있는 의식으로 전환해서 내면의 성을 견고하게 쌓아야겠다.

노년이 되면 자신의 삶에 대해서만 집중해서 살아야 한다고 한다. 나 이외의 타인들, 그것이 자신이 낳은 자식일지라도 그의 인생살이에 관여하거나 지적할 생각을 말라. 사랑한다면 올바른 결정을 해 주고 무언가 잘못하고 있다면 개입해서 통제해야 한다는 생각을 내려놓으라는 누군가의 말이 이제야 가슴에 와닿는다.

나이테의 수가 많은 나무는 그늘이 넓어 품어 줄 수 있는 생명들이 많듯이 살아오는 동안 나와 맺어진 인연들에게 연륜에 맞는 넉넉한 품을 가진 인간이 되어야 하리라.

걱정과 불안 줄이기

"1. 늘 바쁘게 살라 걱정이 많은 사람들은 절망 속에 시들어 가지 않도록 행동에 몰두해야 한다.
2. 무시하고 잊어야 할 사소한 일로 속상해하지 마라.
3. 내가 걱정하고 있는 일이 일어날 가능성이 얼마나 되는가를 스스로에게 자문하라.
4. 피할 수 없는 일이라면 받아들여라.
5. 살면서 좋지 않은 일이 일어날 것만 같은 기분이 들 때 잠시 멈추고 자신에게 세 가지 질문을 해 보자. 내가 걱정하는 일이 정말 중요한 일인가, 나는 어느 시점에서 이 걱정을 떨쳐 낼 것인가, 내가 중요하게 여기는 가치보다 걱정에 더 많은 시간을 쓰는 것은 아닌가."

— 데일 카네기의 『걱정하는 습관을 줄이는 법』 중에서

나는 걱정과 불안이 많은 편이다. 가족 중 누군가 들어온다는 시간에 조금만 늦어도 바로 전화를 해서 무슨 일은 없는지 확인을 해 봐야 되고, 객지에 나가 사는 자식이 전화라도 몇 번 안 받으면 화가 나기보다 건강이나 안전에 대한 걱정으로 안절부절못한다. 확인이 되지 않는 시간이 길어질수록 나의 걱정과 불안은 온갖 나쁜 상상력으로까지 증폭돼서 스스로를 괴롭게 만들고 옆의 사람까지 힘들게 한다.

그래서일까. 실제로 MBTI 검사나 성격 테스트 같은 걸 해 보면 불면증에 잘 걸리거나 스트레스를 많이 받는 사람 유형, 또는 불안이나 걱정이 많은 사람 유형에 속한다. 때문에 가족이나 주변 사람들의 싫은 소리를 듣기도 한다.

천성이 그런 것도 있겠지만 요즘 미디어를 통해서나 심리학 책을 읽어 보면 어린 시절의 양육 과정도 무관하지는 않은 것 같고, 내가 살아온 과정에서 접하게 된 순탄치 않은 불안한 환경 등이 많은 작용을 했을 것이다. 해서 걱정하는 나 때문에 스트레스를 받는다는 가족들의 핀잔도 있고, 스스로 그렇게 과도한 걱정과 불안이 주는 스트레스를 줄이기 위해 나름대로 심리상담도 받으러 다니고 닥치는 대로 심리학 서적을 읽으려 많은 노력을 했다.

덕분에 예전보다는 조금씩 불안과 걱정의 농도가 엷어지고 있지만 사람의 정신이란 게 햇빛이 밝게 비치다가 갑자기 비바람이 몰아치기도 하고 기온이 올라갔다 내려갔다 오락가락하는 날씨처럼 변덕스러운 것 같다. 세상사 또한 항상 순풍에 돛단 듯이 매끄러울 수만은 없는 것이니, 날마다 되풀이되는 일과를 여일하게 지내다가도 마음에 걸리는 어떤 일이 생기면 해일처럼 불안과 걱정의 파도가 밀려온다. 그럴 때면 나는 그동안 읽고 메모해 둔 글귀들을 읽으며 마음의 안정을 구한다.

걱정을 한다고 걱정이 없어지면 걱정이 필요 없다. 두려워할 것은 두려워하는 마음뿐이다. 불안에서 벗어나는 가장 좋은 방법은 지금 이 순간의 좋은 일에 감사하는 것과 모든 것은 끝이 있고 사라진다는 것을 잊지 말아야 한다. 걱정은 내일의 슬픔을 덜어 주는 것이 아니라 오늘의 힘을 앗아 간다. 누구도 어찌할 수 없는 부분까지 염려하며 완벽한 안전을 얻고자 하는 건 멸균 공간에서 냉장되어 살아가길 바라는 것과 같다. 삶의 안정감은 불확실을 완벽하게 제거해서 얻어지는 게 아니라 불확실과 맞서며 얻어진다. 지나치게 왜곡된 걱정은 습관화되고 최악의 상황을 홀로 리허설하며 탈진하게 된다.

바꿀 수 있는 것은 바꾸고 바꿀 수 없는 것은 받아들여라. 고난은 덕을 함양할 수 있는 기회다. 사람을 걱정하고 두려움에 떨게 하는 것은 문제 자체가 아니라 그 문제에 대한 그의 시각과 판단이다. 통제할 수 있는 걱정거리는 걱정하는 이유와 해결할 수 있는 방법을 찾고 통제할 수 없는 걱정거리는 그 생각 자체를 하지 마라. 우리들이 하고 있는 걱정이 실제로 일어날 확률은 매우 적다고 한다.

　메타인지가 높은 사람은 자신이 무엇을 알고 무엇을 모르는지에 대해 알 수 있다고 한다. 메타인지란 자신의 인지 과정을 한 차원 높은 시각에서 바라보는 능력인데, 자기 안에 갇혀 있는 사람은 메타인지가 낮아서 자신이 상황을 악화시키고 있다는 사실조차 모른다고 한다.
　우리의 뇌는 우리의 생각이 지배하므로 하루하루 일상을 대하는 심리와 자세 또한 자신의 생각에서 만들어진다고 한다. 고로 행복한 생각을 하면 행복해질 것이고, 두렵다고 생각하면 두려워질 것이며, 할 수 없다고 생각하면 실패를 느끼게 된다. 모든 문제를 늘 낙관적으로 볼 수는 없겠지만 부정적인 태도보다는 긍정적인 태도를 갖고 사는 것이 우리들의 삶의 질을 높일 수 있다. 마치 빨간색이 의미하는 두 가지 중 분노보다는 사랑을 취하고, 노란색이 의미하는 두 가지 중 비겁보다는 희망을 느낄 때 그 색이 더 아름답게 다가오는 것처럼 말이다.
　불안은 우리의 생존을 위해서 필요한 심리적 반응이라고 한다. 경우에 따라서는 적당한 불안과 긴장이 능률과 생산성을 높이는 건설적인 것이 될 수도 있다고 한다. 따라서 걱정이나 불안감을 느끼는 것이 무조건 나쁜 것만은 아니고 자신의 안전을 지키려는 방어기제가 되기도 한다. 아득한 원시 시대부터 불안감이 인류의 생존에 도움이 됐으리라는 학자들의 말처럼, 걱정이나 불안감을 전혀 안 느끼고 산다면 그 또한 매우 우려할 일이며 생명의 위협에 노출될 가능성이 더 많다는 것은 모두가 다 아는 사실이다.

인간에게 있어 가장 좋은 벗은 자기 자신이다. 자기 자신을 잘 가꿔야 된다. 자아상을 긍정적인 방향으로 확립해야 필요한 안정감을 얻을 수 있다. 삶에 있어 수시로 부딪히는 유형무형의 장애를 극복할 수 있을지 없을지는 자아상의 강도(强度)에 달려 있다니 말이다.

가족의 일원으로서 혹은 사회적인 어떤 단체의 일원으로서 내가 가진 본분과 도리에 맞는 상황에 따른 지식은 물론이요 냉철한 분별력과 함께 현명한 판단을 제대로 할 수 있어야 할 것이다. 자신의 몸과 마음을 관리하지 못하면 기본적인 일 처리도 어려울 것이고 타인과의 소통에도 문제가 생길 테니 말이다.

산전수전 공중전까지는 아니지만 짧지 않은 세월 지나온 길을 돌아볼 때 필요한 건 후회가 아닌 평가이고, 앞으로의 길을 내다볼 때 필요한 건 걱정이 아닌 현명한 판단이라는 생각을 자주 한다.

'인생은 고해'라는 말이 있듯 오욕(五慾) 칠정(七情)이 공존하는 인생살이에서 어찌 걱정과 불안이 없으리오마는 잠자리에 들기 전 보이지 않는 나의 신에게 올리는 나의 기도 순위 중에는 나의 불안감과 염려증을 완화시켜 달라는 기도가 맨 마지막에 들어 있다. 그것은 신의 뜻보다는 소망하는 것에 따라 자신의 노력과 의지로 정신과 마음이 달라질 수 있음을 깨달았기 때문이다.

스무 살의 실수

1971년 8월 불타오르는 태양빛을 받으며 목포항에서 제주도로 향하는 여객선에 오르는 두 남녀가 있었다. 남자는 훤칠하게 키가 크고 이목구비가 뚜렷한 미남형에 스물아홉 살 먹은 공군 중사이고, 여자는 작은 키에 통통한 몸매, 피부는 하얗지만 별로 예뻐 보이지 않는 아주 평범한 스무 살 먹은 처녀였다.

배에 오르던 좁은 다리를 조심스럽게 건너가던 여자가 손을 잡아 주는 남자에게 갑자기 이렇게 말했다. "자기 집에 가서 누구든지 나한테 기분 나쁜 소리 하면 자기하고 그만둘 거야." 남자는 아무 대꾸도 하지 않고 입가만 찡긋했다. 고등학교 때부터 가족과 떨어져 나온 남자는 그날 처음으로 여자를 자신의 가족들에게 데려가는 길이라 약간 긴장이 되었다.

날씨가 쾌청해서 바다는 맑고 푸르면서 높게 출렁이고 있었다. 여자는 앞으로 만나 볼 남자의 가족들과의 만남보다는 난

생처음 가 보는 미지의 섬 제주도에 대한 기대와 처음 타 보는 여객선 항해에 대한 호기심으로 들떠 있었다.

고동을 울리며 배가 항구를 떠나 넓은 바다로 나갈 때까지 남자의 팔을 잡고 갑판에 서서 다도해의 섬들을 바라보며 감탄사를 연발하던 여자는 얼마 지나지 않아 뱃멀미를 하기 시작했다. 목포항에서 제주도까지 열두 시간이 넘는 항해 동안 여자는 3등 선실에 누워 계속 구토를 해 대느라 여객선이 제주항에 닿았을 때는 제 몸을 못 가눌 정도로 기진맥진해 있었다.

여자가 버스를 타고 한라산을 넘어 서귀포에 있는 남자의 집에 도착했을 때, 처음으로 만나는 남자의 신붓감을 기다리던 그의 가족들은 축 늘어져서 들어오는 여자를 우선 방에다 눕힐 수밖에 없었다. 그리고 계속해서 구토를 해 대는 여자의 속을 진정시키기 위해 뱃멀미에 좋다는 햇고구마를 구해 왔다.

고구마의 생즙을 마시고 하루가 지난 뒤 여자의 배 속은 진정이 됐고 조금은 우아한 모습으로 시댁 식구들에게 첫선을 보이려던 여자의 계획도, 정식으로 상견례를 하려 했던 남자 가족들의 생각도 어그러져 버렸다.

도착한 지 사흘째 되는 날, 겨우 일어난 그녀를 위해 남자의 형님은 바닷가에 나가 해녀가 갓 잡아 온 소라·문어·게 등 여러 가지 해산물을 사 왔다. 남자의 형수는 소라와 문어는 삶아서 초고추장과 함께 내놓고 게는 즉석 게장을 만들어서 밥상을 차렸다.

그런데 온 식구가 모여 앉아서 음식을 먹고 있을 때 게장을 먹어 본 여자가 얼굴을 찡그리며 이렇게 말했다. "무슨 게장 맛이 이래요. 짜서 못 먹겠어요." 순간 남자의 형수 얼굴이 기가 막히다는 표정이 되었고 같이 앉아 음식을 먹던 남자의 형님이 여자를 보며 "그럼 게장 맛이 어때야 되는데요. 제수씨가 한번 만들어 보실래요."라고 말했다. 그러자 그녀는 "우리 집에서는 게장을 샘표간장을 넣고 만드는데 이건 집간장으로 만들어서 맛이 없어요."라고 말했다.

남자의 형님은 즉시 아이들을 시켜 샘표간장을 사 오게 해서 여자에게 남아 있는 게로 게장을 만들게 했다. 여자는 자기가 아는 방식으로 게장을 만들어서 의기양양하게 상에 내놓으며 "맛이 다를 거예요. 잡숴 보세요."라고 말했다. 남자의 식구들은 서로 얼굴을 쳐다보며 게장 맛을 보았지만 아무도 여자에게 한마디도 하지 않았다. 집에서 담근 간장이 아닌 가게에서 사 온 간장으로 만든 요리는 처음이었다.

나흘째 되는 날, 남자의 형님은 제주도가 처음인 여자를 위해 서귀포 구경을 시켜 주기로 했다. 천지연폭포, 정방폭포, 외돌괴를 돌아서 목장을 보고 싶다는 여자의 청을 들어주느라 자신이 아는 사람이 하는 목장까지 데리고 갔다.

그런데 자신의 작은 키를 보완하느라 늘 굽 높은 하이힐을 신고 다니는 여자는 그날도 운동화를 신고 가라는 다른 사람들의 충고를 듣지 않고 굽 높은 샌들을 신고 따라나섰다가 돌이 많은 목장 근처에서 왼쪽 신발의 굽이 부러져 버렸다. 여자의 아버지뻘쯤 되는 나이를 먹은 중년이었던 남자의 형님은 기가 막혀서 나오는 웃음을 참으면서 신발 때문에 절뚝거리는 여자를 데리고 그길로 시장에 가서 샌들을 새로 사 신겼다.

닷새째 되는 날, 남자의 가족들과 상당히 임의로워진 여자가 자신의 할머니처럼 늙은 남자의 어머니 머리를 빗어 드렸다. 남자는 그 어머니의 다섯 남매 중 막내아들이었고 유일하게 남은 미혼자였다. 남자의 늙은 어머니는 어린 여자의 손을 잡고 말씀하셨다. "아가, 고맙다. 나는 이제 죽어도 걱정이 없다. 우리 막내가 장가를 가면." 그 말을 듣고 여자는 당연히 치하를 들어야 한다고 생각했다. 그것은 자신은 하얗고 복스럽게 생겨서 어른들이 며느리로 삼고 싶어 하는 사람이고, 남자는 스물아홉 살이나 먹은 노총각이니까 자신이 구제해 주는 거라고······.

일주일 되는 날, 여자는 남자와 함께 제주도를 떠나 다시 육지로 돌아왔고 다음 해 이월 눈이 많이 내리는 입춘 날에 그 남자와 결혼식을 올렸다.

세월이 흐르면서 여자는 두 아이를 가진 엄마가 됐고, 여자의 늙은 시어머니와 자애롭던 맏시숙님이 세상을 떠났다. 점점 나이를 먹어 가면서 여자는 자신의 돌아가신 시어머님과 시숙님이 아주 좋은 분들이고 그분들이 자신에게 너그럽고 관대하게 대해 주었다는 것을 알았다. 하지만 그분들에게 자신이 실수를 했다거나 정말 제멋대로인 철부지였다는 걸 모르고 지냈다.

또 세월이 물처럼 흘러갔다. 나이를 먹을 만큼 먹은 여자는 자신이 낳은 딸을 시집보내면서 그제야 그 옛날 시어머니가 자신의 손을 잡고 하신 말씀에 담긴 속뜻을 어렴풋이 알 수 있을 것 같았다. 그리고 스무 살 적 옛일을 생각하며 자신이 얼마나 어처구니없는 철부지였는지를 깨달았다.

이제 여자는 떨어져 사는 자신의 막내아들이 어떤 아가씨를 신붓감으로 데리고 나타날까 궁금해하면서 만약 그 옛날 자신처럼 앞뒤 없이 말하고 철없이 행동하는 며느릿감이 나타나면 어떻게 이해하고 처신해야 할까, 아니 그보다 자신이 생각지도 못할 행동과 말을 한다면 어떻게 받아들여야 할까 고심을 하고 있다.

　과연 자신의 돌아가신 시어머님이나 시숙님처럼 너그럽고 자애롭게 받아들이고 이해할 수 있을지 자신 없어 하면서…….

세월이 주는 소회

시간은 가고 있는데…….

가끔 한 번씩 내뱉는 아들의 뇌까림을 들으면 왠지 모르게 가슴 한쪽이 싸해 온다. 뭔가 자신이 이루고자 하는 목표를 향한 조바심과 함께 생각만큼 행동이 따라 주지 않는 스스로에 대한 후회와 반성이 담긴 자탄인지? 그냥 흘러가는 시간에 대한 허무함을 표현하는 건지?

정확한 것은 알 수 없지만 어느 날 문득 도도하게 흐르는 강물을 하염없이 바라보듯 자신의 힘으론 어찌해 볼 수 없는 세월의 흐름을 느끼는 아들의 심정이 헤아려져서 동병상련이랄까, 아쉬움과 안타까운 마음이 동시에 일어난다.

강물의 흐름의 유장함이나 속도의 빠름을 아무 데서나 아무 때나 느끼거나 볼 수 없듯이 인생의 세월의 흐름도 푸릇푸릇하게 뛰어놀던 어린 시절이나 피 끓는 열정으로 세상을 휘어

잡고 싶었던 청춘 시절에는 잘 보이거나 느낄 수 없는 것이리니, 중년이 되어 가는 아들의 연륜이 새삼 내 마음에 각인되기도 한다.

누구나 태어나서 자라고 늙고 죽는 것이 세상 만물의 정해진 이치라는 걸 듣고 배워서 알고는 있지만 인간이 세월의 흐름을 스스로 절실히 느끼는 건 어느 정도 인생을 살아 본 후부터인 것 같다.

사람마다 다르겠지만 돌아보면 삼십 대까지는 세월의 흐름이 그렇게 빨리 가고 있다는 것을 절실하게 느끼지는 못했던 것 같다. 세월의 흐름이 피부에 와닿는 것처럼 절실하게 느껴진 것은 삼십 대가 끝나 가는 무렵이었다. 내게서 청춘이 멀어지고 있다는 느낌이 든 것은 서른아홉에서 마흔으로 넘어가는 해였다. 마치 다시는 돌아올 수 없는 젊음이라는 고개를 넘어가는 것 같았다고나 할까. 정말 가능하다면 절대로 넘고 싶지 않았던 마흔 고개, 정신적으로도 많이 힘들었다.

용을 써서라도 나이가 들어가는 걸 받아들이고 싶지 않았던 오십 대를 지나 육십 대로 넘어온 지도 꽤 오래됐다. 생경하고 그다지 반갑지 않았던 할머니라는 호칭도 이젠 아무렇지 않게 귀에 익숙해지고 어르신이니 실버 세대라는 용어도 많이 친숙해졌다. 어쩌면 발버둥 쳐 봤자 소용없다는 걸 알아 버린 나의 무의식이 현실을 받아들이고 순응해진 것 같기도 하다.

흐르는 물이 여울을 만나고 지형에 따라 물살이 급해지듯 삶의 어느 꺾임이 느껴지던 굽이에선 세월의 흐름을 절감해서 그에 더욱 저항하고 싶었던 순간들도 있었다. 스스로 서글프고 애달프던 순간들이…….

언젠가부터 어쩌다 마주치는 친구나 자식들의 얼굴에서 세월의 나이테가 읽어질 때면 늙어 가는 나의 모습에서 느껴지는 비감보다 더 가슴이 짠해진다. 누구도 비켜 갈 수 없는 자연의 섭리라는 걸 알면서도 왠지 모르게 애잔함이 차오른다.

어느 한순간 무슨 일을 하고 있든 잠을 자고 있는 순간에도 시간은 흐르고 있는데도 내가 그 순간 무엇을 하고 있었느냐에 따라 흐르는 시간에 대한 아쉬움이나 허무함의 경중이 조금 다르게 느껴지는 건 왜일까. 자신이 스스로 가치롭게 생각하고 있는 무언가를 하면서 보내는 시간과 무의미하게 보내는 시간의 가치를 무의식 속에서 계산하고 있는 것인지.

무엇을 갖고 있다는 것은 그 무엇에 얽매이는 것이라는 법정 스님의 말씀에 동의하면서도 세월의 흔적들이 스며든 오래된 것들을 끌어안고 산다. 처음으로 내 집을 가졌을 때 들여온 자개문갑, 돌아가신 엄마가 쓰시던 전기담요, 삼십여 년 전 친구가 선물해 준 달을 닮은 도자기 등, 적당히 간이 맞는 곰삭은 젓갈 같은 오직 그것만이 가질 수 있는 맛과 향을 지닌 세월의 흔적들을 어디 가서 찾을 수 있으랴. 인간관계에 대한 버거움이 싫어서 스스로 섬처럼 고립을 자초하고 살고 있지만, 오래된 관계 또한 내겐 너무나 소중해서 오래도록 간직하고 보존하려 애쓴다.

  나이를 먹을수록 새로운 것, 새로운 관계가 버겁게 느껴진다. 손때 묻은 것들이 주는 정겨움과 앉으면 몸에 딱 맞는 안락의자처럼 오래된 관계가 주는 편안함이 좋다. 어떤 보물이나 돈과도 맞바꿀 수 없는 흘러간 시간 속에 깃들어진 의미와 가치를 나는 저버릴 수도 잊어버릴 수도 없다. 그것은 어쩌면 결코 되돌릴 수도 붙잡을 수도 없는 시간의 흐름을 그렇게나마 움켜잡고 있는 건지도 모르지만 말이다.

  흐르는 시간은 내게 많은 것을 가르쳐 줬다. 학문이나 지식만 가지고는 안 되는 나와 전혀 다른 사고방식을 가진 타인에 대한 이해와 배려도 물살에 부딪쳐서 둥그러지는 조약돌처럼 흐르는 세월 속에서 배웠다. 어떻게 화가 복이 될 수 있는지, 도저히 논리적으론 받아들일 수 없었던 전화위복(轉禍爲福) 같은 고사성어의 해법도 세월의 흐름 속에서 발견할 수 있었다.

타고난 위인이 아닌 보통 사람이라면 시간과 경험이 가르쳐 주는 배움만큼 큰 가르침은 없는 것 같다.

세월이 속절없이 흘러간다고 사람들은 한탄하기도 하지만, 걸핏하면 바람에 흔들리는 갈대처럼 갈피를 잡기 어려웠던 감정의 흔들림도 세월이 주는 백신을 맞으며 조금씩 나아져 간다. 어쩌면 세월은 이 세상의 어떤 진리보다 더 진솔한 진리를 가르쳐 주고 어떤 위대한 스승보다 더 위대한 가르침을 나에게 주고 있지 않나 싶다. 그리고 내게 남겨진 세월이 얼마일지 모르지만 주어진 그만큼 세월은 내게 많은 것을 가르쳐 주리라 믿는다.

허황한 상상일지 몰라도 세월의 흐름을 앞서갈수도 뒤돌아 갈 수도 있다면 우리들의 삶은 어떻게 달라지려나? 만약에 미래나 과거로 가 볼 수 있는 타임머신이 생긴다면 나는 어느 쪽으로 가 볼까? 미래도 과거도 다 가 볼 수 있다면 좋겠지만 딱 한 번만의 기회밖에 없다면 어느 쪽을 택할까 망설여진다.

과거를 지우며

불꽃이 이글거리며 일렁인다. 가느다란 연기가 피어오르며 새빨간 불꽃과 함께 한 장 두 장 사그라져 가는 것들을 보며 머릿속 어느 부분의 그림들이 삭제되어 갈 것을 예감한다.

과거를 지운다. 아무도 알아주지 않는 지나간 날의 내 가슴속에서 일렁이던 감정의 편린들이, 이제 다시는 돌아갈 수 없는 날들의 흔적들이 사라져 간다. 분노도 슬픔도 애탐도 밤새워 울던 날의 절망도 날려 버리련다.

지난겨울 나의 잠깐 실수로 혹한에 얼어 죽어 버린 이십오 년 키운 부겐베리아에게도 작별을 고한다. 오래된 종이와 이십오 년을 살다 간 부겐베리아의 등걸이 함께 타는 매운 연기에 흘리는 눈물로 회한을 씻으며 나의 추억에 안녕을 고한다. 그토록 원하고 바랐지만 내게 주어지지 않은 것들에 대한 아쉬움과 원망까지도 하늘로 하늘로 올라가는 연기에 실어 보낸다.

십 대 시절부터 써 왔던 내 가슴속 희로애락을 담았던 일기장들을 태운다. 늘 불안하고 위태했던 집안 사정에 대한 원망과 학업을 계속할 수 없었던 현실에 대한 절망으로 가득한 일기 노트가 사그라진다. 문득 읽어지는 기록에서 어쩌면 내게 주어지지 않은 것들이 있었기에 엇박자로 뿜어지는 감정의 절제와 뭔가를 이루기 위한 모색과 노력이 더해지지 않았나 하는 생각이 스친다.

이제 와 생각해 보면 그것들은 무시로 일어나는 욕망으로 허덕이는 내게 세상을 살아가는 데 견제 장치로 작용했었던 것 같기도 하다. 결혼 후에 쓰인 일기장을 태우며 나는 연기 냄새에서 그 옛날 어렵사리 장만한 내 집을 마련한 기쁨으로 2학년, 5학년 초등학생인 어린것들을 데리고 도배를 하며 맡았던 벽지의 냄새가 스며난다. 사라질 때까지 모든 것은 본질을 잊지 않나 보다.

가끔씩 뭔가 심란하고 마음이 허전하다고 느낄 때면 과거로 시간 여행을 떠나곤 했었다. 나만이 탈 수 있는 타임머신을 타고 과거의 그 시절로 가서 그때의 나를 만나고 잠시나마 그 순간의 감정 속으로 침잠해 들어간다. 까마득히 잊었던 사건들이 눈앞에 펼쳐지고 그 시절 서로 얽혀 있던 관계들의 맺음과 풀어짐이 생생하게 되살아난다.

나에게는 무슨 꿈이 있었지? 부모님의 부재로 외롭고 암울했던 십 대 시절의 일기장엔 의지할 데 없이 답답한 청소년 시절의 꿈을 꿀 여유조차 허용치 않는 현실만이 펼쳐져 있다. 결혼을 하고 두 아이를 낳고 키우며 지내 온 젊은 날들도 여유롭지 않은 가정 경제의 애환과 서로 다른 가치관과 사고방식을 가진 남편과의 불협화음으로 점철되어 있다.

짧지 않은 세월 동안 어찌 즐겁고 아름답던 시간들이 없었으리오마는 나의 일기장 속 이야기들은 서럽고 화나고 원망스런 감정들의 토로가 대다수였다. 또한 때로는 성숙하지 못한 감정의 발산이나 헛된 욕망에 괴로워하는 치기 어린 기록들이 부끄러워지기도 했다.

기록은 중요하다. 얼마 전 어떤 작가의 글에서 재산목록 1호로 자신의 일기장을 꼽고 어떤 위급한 경우에도 그것부터 지키라는 엄명을 가족 모두에게 일러 놓았다는 글을 본 적이 있다. 지구촌 역사의 기록이든 한 나라 역사의 기록이든 개인의 기록이든 각각의 의미와 가치를 가진 것이기에, 나 또한 그런 생각으로 내가 살아오면서 썼던 일기, 가계부, 시나 수필의 습작물들을 하나도 버리지 않고 간직하고 있었다. 가끔씩 지나간 날들의 편린들을 되돌아보며 감상에 젖어 보는 것도 나쁘지 않았다.

하지만 어느 때부턴가 과거를 돌아보는 것이 순기능만 있는 게 아니고 역기능이 있다는 것을 느꼈다. 과거를 되돌아봄으로써 반성과 성찰의 기회를 갖기도 하지만, 갑자기 그때 그 시간의 감정이 되살아나서 서글퍼지거나 화가 나기도 하고 까맣게 잊고 있었던 사건에 대해 새삼스레 원망이 일기도 하니 말이다. 마치 다 나았다고 생각했던 상처가 다시 도지듯 마음의 우물이 뒤집어지기도 했다.

사람의 감정이란 묘해서 그것이 스쳐 지나간 바람 같은 인연이라면 그땐 그랬지 하며 잠깐 회상에 젖다가 흘려보낼 수도 있다. 그러나 한평생 엎치락뒤치락하며 매일같이 얼굴을 맞대고 사는 관계에서는 종일 평온하던 마음이, 일기장의 기록을 보는 순간 돌아누워 있는 상대의 뒤통수를 한 대 후려치고 싶을 만치 미워지기도 하니 말이다.

사람이 한평생 살다 보면 잊지 말아야 할 과거와 잊어야 할 과거가 있다. 잊지 말아야 할 과거는 그것을 거울삼아 자신의 사고방식과 행동거지를 돌아보고 고쳐야 할 과거이고, 용서하지 못한 증오나 깊게 각인이 된 상처나 아픈 슬픔이 있는 과거는 잊어야 한다. 그것이 기록물이든 기억의 잔재든 누군가의 손길이 닿던 물건이든 미움이나 증오를 되새기는 것은 버려야 된다. 미움이나 증오는 자신을 병들게 하는 원인이 될 수도 있고, 누군가의 말처럼 사랑하거나 즐거워할 날만도 부족할 테니 말이다.

일렁거리던 불길이 사그라져 간다. 이로써 기록으로 존재했던 십 대에서 삼십 대까지 나의 청춘은 사라졌다. 여전히 이어지고 있는 기록물들은 언젠가 다시 지워야겠지만, 오늘 연기로 지워진 과거는 하얀 재가 되어 내 마음의 꽃밭에 피는 꽃의 양식이 되리라.

저녁 무렵의 회상

이 세상 누군가와의 약속을 지키기 이전에 우선 나 자신과의 약속을 철저히 지키자. 이런 생각을 하면서 조금은 휘청거리는 걸음걸이로 나의 산책로를 돌았다.

멀리 누군가의 집들과 고가도로와 전봇대와 키 큰 나무들 뒤로 넘어가는 해가 펼쳐 놓은 살굿빛 노을을 보면서 문득 내가 지고 있다고 보는 저 해를 지구 반대편 어딘가의 사람들은 뜨는 해로 맞이하겠지, 라는 생각을 하면서 스쳐 지나가는 사람들 사이를 헤매고 왔다.

사는 게 아득해서, 마치 강 건너 아스라이 보이는 불빛을 바라보듯이, 사람들이 사는 세상이 나에게는 너무나 먼 도달할 수 없는 피안의 세계인 듯 느껴져 안타까운 심정으로 망연자실해질 때가 자주 있었다.

늘 예측할 수 없는 그리고 믿을 수 없는 세상의 불확실성에 항상 내 마음의 샘은 잔잔해질 수 없었고 때때로 타다 만 불씨가 살아 오르듯 나를 덮쳐 오는 세상의 온갖 불협화음에 너무나 괴로워 차라리 내 육신을 불태워 재가 되어 버리고 싶은 순간들도 많았다.

상대가 누구든 설령 피붙이일지라도 진실과 성실이 결여된 존재에 대해서는 그 가치와 의미에 인색했고 자신을 위해 철저하게 살아가는 자만이 남을 도울 수 있다는 나의 가치관은 성난 파도 위에 띄워 놓은 나룻배처럼 늘 위태로웠다.

보편적인 교육과정을 거치지 않고 배우는 스승이 없이 내가 신봉하는 책 속에서 얻은 지식의 증가는 나를 더욱 고통스럽게 만들었으며 세상의 부조리함을 더욱 예민하게 느끼게 만들곤 했었다. 어느 땐 천 길 벼랑 위에 서 있는 것 같은 아찔함과 어느 땐 발목을 조여 오는 올가미 같기도 한 삶의 고단함은 나에게 세상에 대한 냉정함과 불신과 단절을 가르쳐 주어 바다 밑바닥에서 단단한 껍질에 들어앉아 필요할 때만 몸을 움직이는 한 마리 소라게처럼 살게 했다.

세상의 모든 사람들이 다 그렇게 힘들고 어렵게 삶을 이어가는 것인지? 아니면 나의 의지와 인내가, 노력과 지혜가 모자라서 그렇게 느끼는지?

아직도 분간이 안 가지만 어미로서의 모성 본능만은 확고했던 나는 나의 아이들에게 늘 그렇게 완벽하기를 영악하기를 바라고, 세파 속에 휩쓸리기 전에 몸과 마음을 완전 무장하듯이 다듬어지기를 요구했었나 보다. 만약에 내가 세상의 온갖 괴로움과 슬픔과 외로움과 고통에서 아이들을 지켜 줄 수 있는 자신이 있었다면, 나는 아마도 아이들을 세상의 풍파 속에 내보내지 않고 내가 만들 수 있는, 세상의 온갖 것을 막을 수 있는 방탄의 벽 속에 가두어 보호하려고 했을지도 모른다는 생각이 들 때도 있으니 말이다.

어쩌면 허구한 날 불협화음이 끊이지 않고 자신의 욕망에만 충실한, 동상이몽을 꾸는 동거인에게 조금이라도 관대할 수 있었던 것은 그 사람 또한 산다는 게 얼마나 힘겨울까, 얼마나 고통스러울까 하는 지난한 삶을 영위해 가는 같은 인간으로서의 동병상련 같은 이해가 있었기 때문일 거다.

어떤 의미에서 나는 너무나 어리석은 인간일지도 모른다.

늘 내 앞에 펼쳐 있는 길의 이쪽저쪽을 둘러보기보다는 눈가리개를 한 경주마처럼 일직선으로 보이는 앞만 보고 왔으며, 그것도 저 멀리 뻗어 있는 내 시야에 잘 닿지도 않는 길의 어드메쯤 있을지도 모를 웅덩이와 돌멩이까지 미리 걱정하고 염려

하며 살아왔으니까. 걱정하고 염려한다고 그것이 없어지지도 않으며 결국 부딪치고 헤쳐 나갈 수밖에 없다는 걸 알면서도 좀 더 현명하고 슬기롭게 처신을 못 했던 것 같다.

이제 와서 돌아보면 나의 불확실하고 불안한 세상에 대한 시선과 이런 삶에 대한 나름대로의 대비와 엄격한 태도는 어떤 면에서 나와 함께 사는 나의 보호를 받고 있는 가족들의 삶에 안전과 안정을 보태 주기는 했겠지만 또 다른 폐해를 초래했을는지 알 수 없다.

안전과 보호라는 이유로 꿈과 이상을 키워야 하는 청소년기에도 예측할 수 없는 모험 같은 것은 전혀 허용되질 않았고, 자유롭고 창의적인 생활보다는 숨통을 조이는 성실과 절제와 검약만을 강조함으로써 한창 자라나는 아이들에게 앞날에 대한 초조와 불안감만을 심어 주었지 싶기도 하다. 또한 아이들에게 내재해 있을지도 모를 미지의 세계를 탐험해 볼 수 있는 모험심과 배짱을, 세상을 좀 더 새롭고 재미있게 살아갈 수도 있을 즐거움과 창의성을 묵살해 버렸을지도 모른다는 생각이 이제야 들기도 한다.

아직도 나의 이런 가치관들은 현재 진행형으로 내 삶의 순간순간 내 목덜미를 눌러서 숨이 막히게 하고 있지만, 스스로 뛰어넘을 수 없는 견고한 벽이 되어 있다는 걸 조금씩 느끼며 살아 있는 것들에 대한 삶의 무상함이 서글프게 다가온다. 하나 이제 와서 후회한들 무엇하리오. 다시 돌아갈 수도 되돌릴 수도 없는 세월의 흐름 앞에 나 또한 속절없이 가고 있는 것을······.

세상에 영원한 것은 없듯이 인생 또한 유한한 것!
나의 삶이 흐르는 강물이라면 어드메쯤 왔을지? 바다 냄새가 문득문득 코끝을 스치는 걸 느낄 때면 어느덧 멀리 바다를 바라보는 하구언 어디쯤 온 것 같다. 인정하고 싶지 않지만 인정할 수밖에 없는 인생의 막바지를 바라보며 인간은 고쳐 쓰지 못한다는 말을, 인간도 고쳐 쓸 수 있다는 말로 바꿔 쓰고 싶다.

오르고 싶은 경지

　드라마를 별로 즐기지 않는 내가 즐겨 보는 티브이 프로그램 중에 《세상에 이런 일이》라는 프로그램이 있다. 방송 타이틀 그대로 신기한 일이나 보편적이지 않은 것들을 찾아 보여 주는 프로다. 그중에서도 그림 · 공예 · 기예 · 수집 · 발명 등 일반인들이 쉽게 할 수 없는 어떤 경지에 오른 이들이 많이 나와서 탄복을 하며 볼 때가 한두 번이 아니다.

　그물이나 어항을 가지고도 잡기 어려운 물고기를 맨손으로 척척 잡아내는 거나, 버려지는 폐품이나 생각지도 못했던 것들을 활용해서 조각 · 그림 · 생활용품 등 기상천외한 것을 만들어 내는 것을 보면 인간의 상상력과 창의성에 감탄이 절로 나온다. 수년에서 수십 년의 시간 동안 만들어 낸, 끊임없는 정성과 노력이 없이는 절대 이룰 수 없는 그네들의 결과물들을 보면 반복되는 연습을 못 해서 악기 하나를 제대로 연주할 줄 모르는 나 자신이 한심스럽다.

경지란 국어사전에 보면 학문·예술·인품 따위에서 일정한 특성과 체계를 갖춘 독자적인 범주나 부분, 또 몸이나 마음 기술 따위가 어떤 단계에 도달해 있는 상태, 라고 쓰여 있다. 나라에서 인정해 주는 예술 분야의 명인이나 무형문화재 칭호를 받는 이들 또한 그 분야에서 최고의 경지에 올랐다는 얘기일 것이다.

그리 보면 역사적으로 이름이 나 있는 철학자나 문화와 예술을 발전시킨 인물들은 물론이요 문명을 발전시킨 발명가들은 한결같이 어떤 경지에 올랐던 사람들일 것이다.

그럼 어떤 경지에 다다르려면 어찌해야 할 것인가? 학교란 데를 들어가고 글을 배워 책을 읽기 시작하면서 나는 그 이름난 사람들의 전철을 밟아 보고자 하는 욕망을 가지곤 했다. 때로는 음악으로 때로는 문학으로. 하지만 그것은 그냥 되는 게 아니란 걸 일찍부터 알아차렸기에 어떻게 하면 그렇게 될 수 있는지 그게 궁금했다.

귀동냥 눈동냥으로 오랜 세월에 걸쳐 내가 알아낸 것은 그들은 거의 몰입의 달인들이었다는 점이다. 떨어지는 사과를 보고 만유인력을 알아낸 뉴턴은 자신이 초대한 손님이 온 것도 잊어버리고 연구에 집중했었고 연구에 몰두하느라 심지어 밥 먹는 것조차도 잊어버려서 전날 저녁밥을 아침에 먹기도 했었다고 한다. 전기를 비롯하여 수없이 많은 발명품을 만든 에디슨의 일화나 전쟁이 일어나서 적국의 병사가 쳐들어왔는데도 수학 공식을 풀고 있었다는 유명한 아르키메데스의 일화도 몰입의 경지를 보여 주는 예이다.

사실 따지고 보면 과학 분야만이 아니라 예술가로서 이름을 날린 이 치고 그만한 경지에 오르지 않고는 명성을 얻기가 어려웠을 것이다. 언젠가 우리 국악의 판소리 명인들이 득음을 얻기까지 노력하는 과정에 대한 글을 본 적이 있는데 그 피나는 노력과 몰입의 경지에 감탄을 했었다.

그런데 요즘은 학문이나 예술 분야만이 아니고 예전에는 전혀 생각지 않았던 분야에서도 경지에 오른 사람들이 많아지는 것 같다.

우리 집에도 개를 키우고 있지만 어느 사이 사람들의 반려동물로 격상된 개들이 많아져서 이러다 세대원 조사에 개도 끼워 줘야 되는 세상이 올지도 모른다는 생각이 들 정도다. 따라서 질병은 물론이요 여러 가지 문제를 일으키는 말썽꾸러기 개들로 고민하는 이들도 많아져서 개 전문 방송 채널까지 생겼다.

그동안에도 동물이 주가 되는 방송 프로그램에서 수의사나 훈련사가 동물들의 신체적인 질병이나 잘못된 행동을 고치는 걸 봐 오기는 했었다.

그런데 그중에서도 개통령이라고 불리기도 한다는 어떤 이를 보면 감탄을 하게 된다. 동물이 사고나 질병으로 다친 신체적인 것이야 수의학을 공부하면 되겠지만, 잘못된 습관이나 트라우마로 생긴 심리적인 문제를 개의 행동을 보고 단번에 알아내는 건 오랜 시간 공부만 해서는 안 될 것 같다. 말로 대화를 하는 사람의 심리 문제도 육체적인 치료보다 어렵다는데, 더구나 말도 통하지 않는 동물들의 습관이나 트라우마를 단시간 내에 치료해 내는 걸 보면 그이의 개에 대한 연구가 경지에 올라 있다는 생각이 절로 든다. 하긴 개의 분변까지 맛봐 가며 개에 대한 공부를 했다니 그이의 정성과 노력뿐만이 아니고 개에 대한 애정과 몰입의 정도가 대단한 것 같다.

일반적으로 어떤 일에 대한 숙련의 정도를 '일만 시간의 법칙'이라는 이론으로 표현하기도 하는데, 어떤 분야가 됐든 지극한 정성과 몰입에 가까운 노력이 있어야만 그 분야의 경지에 오를 수 있을 것이다. 그런 이들이 이룬 경지가 인류의 문화와 문명의 발전에 큰 보탬이 되었을 테니 더 많은 사람들이 저마다의 분야에서 경지를 이룬다면 세상이 더욱 살기 좋은 곳이 되지 않을까 싶다.

자신을 스스로 잘 몰랐던 젊은 시절엔 이것도 저것도 잘 한다는 말을 들을 정도의 경지에 오르고 싶었던 때가 있었지만 이젠 아니다. 천성이 게을러서 이순이 넘어가도록 학문이나 예술 방면은커녕 몰입해서 할 수 있는 취미나 능력이 없다. 악기 연주, 음악 감상, 영화 보기, 화초 가꾸기, 요리 만들기, 게임 즐기기 운동, 등등 일상에서 할 수 있는 어느 것 하나 제대로 하는 게 없으니 누구를 탓하리오.

게으름과 나태함 탓에 소녀 적부터 자신의 기타 반주에 맞춰 노래를 불러 보고 싶었던 꿈도 포기해야 될 것 같다. 살아오는 동안 꽤 여러 번 기타를 잡고 연습을 시작하곤 했지만 손놀림이 난해한 코드에 들어가면 지쳐서 놓아 버리게 되니 말이다. 어떤 것에도 지극한 정성과 노력이 부족한 스스로를 알기에 어린 시절 책에 나오는 위인이나 과학자, 예술가들의 이야기를 보면서 가졌던 어떤 경지에 오르고 싶었던 마음은 이제 버려야 될 것 같다.

어느덧 인생의 후반부를 살고 있다. 원하지 않았지만 내게 주어진 경지가 있다면 어느 한순간도 무심의 경지에 오르지 못하는, 살 만큼 살았는데도 여전히 소소한 것들조차 놓아 버리지 못하는, 이 세상 모든 것에 유심한 경지, 이도 또 다른 경지에 든 거라고 자위를 해야 될까.

어렵겠지만 아직도 오르고 싶은 경지가 있다면 세상사 모든 것에 끊임없이 흔들리는 내 마음을 잔잔하게 다스릴 수 있는 정도의 경지이다. 어떤 걸 잡는 것보다 놓는 게 더 큰 마음이 필요하다고 하니 내겐 참으로 도달하기 어려운 경지라는 걸 알고는 있지만, 부단히 노력하고 또 노력할 것이다. 절간의 스님이 화두를 잡고 놓지 않듯이…….

4부

커피를 마시며

커피를 마시며

내가 커피에 관해 관심을 갖게 된 것은 소녀 시절 이효석의 수필 『낙엽을 태우면서』라는 작품을 읽으면서다. 선생은 낙엽 타는 냄새를 매우 좋아하는데, 낙엽을 태우는 냄새가 방금 볶아 낸 커피의 냄새와 같다는 구절을 보며 한 번도 마셔 본 적이 없는 커피 맛을 궁금해했다.

어린 나이이기도 했지만 주변에 커피를 마시는 사람을 별로 본 적이 없을 만큼 커피가 일반인들에게는 보편화되지 않은 시절이었다. 그러나 열일곱 살 크리스마스에 만난 첫 커피의 맛은 너무나 입에 써서 다시는 마시고 싶지 않을 정도였다.

경제 발전과 함께 우리나라가 세계적인 커피 소비국이 되고 내가 살고 있는 작은 소도시에도 카페라는 이름을 내건 커피를 파는 가게가 몇 집 건너 하나씩 늘어나는 동안 나 또한 하루도 커피를 마시지 않는 날이 없을 정도로 커피와 친해졌다.

아침형 인간인 나의 기상 시간은 오전 5시쯤이다. 눈을 뜨면 잠자리에서 간단한 스트레칭을 하고 라디오의 클래식 음악을 들으며 천천히 몇 가지 과일과 계란 한 알을 곁들인 아침 식사를 한다. 누구를 위해 아침 식사 준비를 할 필요도, 돌보아야 할 어린아이도 없는 나의 아침 시간은 느긋하고 여유로워서 대략 여덟 시가 넘으면 커피타임이다. 커피타임이라야 뭐 특별하게 브랜드를 따져 가며 즐기거나, 잘 볶은 원두를 갈아 내려 마시는 것도 아닌, 시중에 흔한 믹스커피를 마신다.

아라비카니 콜롬비아니 커피 원두의 종을 가려 가며 마실 줄 아는 커피 마니아도 아니요 커피콩이 가진 순수한 그 맛을 아는, 딱 커피 가루만 넣어 마시는 블랙커피를 즐기지도 못하는, 기껏 일회용 봉지에 든 믹스커피를 마시는 주제에 커피의 맛 운운하는 게 조금 우스울지도 모르겠다.

하나 시판되는 기성품 커피믹스도 종류가 여러 가지요 제각기 맛이 다르다는 건 다 아는 사실이요 그중에서 내가 편애하는 커피믹스가 따로 있는데, 공장에서 정확하게 똑같은 원료로 똑같은 함량으로 만들어진 커피가 때와 장소에 따라 맛이 다르게 느껴진다.

언젠가부터 아침 여덟 시 삼십 분경이면 습관처럼 마시는 커피 한 잔의 맛이 때와 장소에 따라 달리 느껴지는 건 왜일까? 왜 똑같은 재료인데 그 맛이 안 나는지?

나는 일주일에 오 일 정도 아침이면 당구를 치러 간다.

그런데 취미로 하고 있는 당구를 치기 위해 가는 당구클럽에서 게임을 시작하기 전 마시는 커피의 맛이 집에서 마시는 커피의 맛과 다르게 느껴진다. 처음엔 어쩌다 그날의 입맛에 따라 다르게 느껴지는 것이겠지 싶었는데 그게 아니다. 똑같은 브랜드의 커피가 이상하게 장소에 따라 맛이 다르다.

물론 아침 식사의 양이나 소화 상태, 나의 기분 등 여러 가지 원인이 있겠지만 내가 유추해 본 바로는 커피를 마시는 장소의 분위기가 커피의 맛에 영향을 끼치는 게 아닐까 싶다. 거기에 그날의 기후도 약간의 영향력을 가지고 있는 것 같다.

봄이 시작되는 즈음 새싹들을 부르는 듯 부슬부슬 부슬비가 조용히 내리는 날이나 낙엽이 한 잎 두 잎 떨어져 내리는 바람이 소슬하게 부는 가을날이나 온 세상을 품어 안으려는 듯 함박눈이 소담스럽게 내리는 겨울날 아침에 마시는 커피의 맛은 각별하다. 또한 다정한 이들과 야외로 나들이라도 나간 날, 누군가 보온병에 담아 와 나눠 마시는 커피 맛은 정말 일품이 되기도 한다.

하긴 커피 맛만 때와 장소에 따라 다른 건 아니다. 술, 특히 소주의 맛은 그때그때 장소는 물론 안주가 무엇이냐에 따라 다르고, 더욱 중요한 건 같이 마시는 상대가 누구냐에 따라 술맛이 전혀 달라지는 것 같다. 맥주의 맛 또한 상황에 따라 정말 다르게 느껴진다.

나는 술을 즐기는 주당은 못 되지만 이것저것 마실 줄은 안다. 하지만 맥주는 웬만해서는 사양한다. 그것은 맥주의 맛도 잘 모르지만 큰 컵에 따라 마시는 맥주의 양이 아주 부담스럽기 때문이다. 소주잔에 따라 주는 술을 두세 번에 나눠 마시는 내 습관으로는 우선 잔의 크기부터 부담스럽고, 그것을 한두 잔만 마셔도 위의 용량이 꽉 차는 느낌이라 별로 좋아하질 않는다. 그런데도 땀이 뚝뚝 떨어지는 무더운 여름날쯤 되거나 막 튀겨 낸 먹음직스러운 치킨이라도 눈앞에 놓이면 저절로 맥주에 손이 가고 그 시원한 맛이 일품이 된다.

그래서 계절에 따라 당기는 음식이 따로 있고 같은 음식이라도 특별히 그곳에 가서 먹어야 제맛이 난다는 식도락가의 얘기가 설득력이 있다. 따로 요리 공부를 한 요리사도 아니요 대단한 손맛을 내는 사람이 아니었는데도 자신의 엄마가 혹은 할머니가 해 주던 음식 맛을 잊지 못하거나 어린 시절 먹었던 고향의 음식을 즐겨 찾게 되는 것도 그런 맥락이 아닐까.

맛이라는 게 음식 자체가 갖고 있는 고유의 미감만이 아니고 그것과 연관된, 예를 들면 어느 때 어디서 누가 만들어 주느냐에 따라 그 맛을 느끼는 감각이 달라진다고 느끼는 게 나 혼자만인지?

커피 맛에 대한 궁금증을 버리지 못한 내가 얼마 전 아는 지인과 커피를 마시며 물어본 적이 있다. 지인은 작은 사무실에 근무하고 있는데, 나처럼 한 종류의 믹스커피를 마신대서 당구클럽과 집에서의 커피 맛의 다름을 얘기했더니 자기도 집에서 마시는 커피보다 사무실에서 마시는 커피가 더 맛있게 느껴진다며 이상하게 생각했다.

때와 장소 분위기 등 여러 가지 그동안의 경험을 얘기하며 둘이서 한참 동안 원인을 유추해 본 결과, 그이가 자신이 하는 업무를 매우 좋아하고 아침에 사무실로 출근하는 게 즐겁다는 것과 나도 취미로 하는 당구 치기를 좋아하고 당구를 치기 위해 클럽에 가는 게 즐겁다는 공통점이 있었다.

다수의 의견을 들어 본 것도 아니고 지극히 개인적인 느낌이지만, 어쩌면 입맛이란 오감에 들어 있는 미감보다는 그 음식을 먹는 순간의 환경과 정신적인 영향이 더 클지도 모른다는 결론을 둘이서 내렸다.

자개 문갑

흉터가 지워지는 듯 허옇게 드러났던 부분들이 감춰진다. 완전 똑같은 색은 아니지만 좀 떨어진 데서 얼핏 보면 잘 모를 것 같다. 다행이다. 자개 부분이 떨어져 나갔으면 어찌해 볼 도리가 없었을 텐데 옻칠한 부분들만 조금씩 떨어져 나가서 이렇게나마 땜질을 할 수 있었으니.

집을 짓고 이사를 하느라 육 개월이 넘게 창고에 쌓아 뒀던 자개 문갑이 오랜 장마로 인한 습기와 이리저리 옮겨지는 수난 속에 여기저기 흠집이 생겼다.

살던 집이 팔리고 임시로 짊을 옮길 때도 쓰던 것들을 많이 버렸지만, 이 집이 완공되고 다시 이사를 올 때도 꼭 필요한 것들만 추리고 책장이며 장식장 같은 가구들을 거의 버리고 왔다. 뜻있는 사람들이 하는 미니멀 라이프를 추구하거나 특별한 이유가 있는 건 아니다. 이제 나이도 먹을 만큼 먹어서인지 예전보다 물건에 대한 애착심이 옅어진 데다 언제가 될진 모르지만 나의 사후에 치워질 물건들을 줄여 나가자는 생각이 들어서다. 그럼에도 불구하고 있어도 없어도 그만인 자개 문갑은 버릴 수가 없었다.

결혼할 때 혼수로 해 온 호마이카 장롱을 서울 달동네의 비좁은 셋방살이 탓에 없애고 다섯 칸짜리 서랍장으로 대신하며 이사를 전전하길 십 년이 다 되어 갈 무렵, 어찌어찌 내 집을 마련할 수 있었다. 집값의 반은 은행대출금으로 살 정도로 여유가 없었지만 그 집으로 들어갈 때 무리를 해 가며 내가 산 것이 자개 문갑이다.

정작 필요한 것은 이불이며 옷을 걸어 둘 장롱이었지만 그것은 집에 붙어 있는 벽장으로 대신하고 자개 문갑을 들여온 나에게 남편은 별로 쓸모가 없는 것을 들여왔다고 볼멘소리를 했다. 하지만 아담하면서도 예스럽고 품위가 있어 보이는 자개 문갑이 나는 마냥 좋았다.

남편의 말이 틀린 말은 아니다. 문갑의 크기 자체가 가로 구십 센티, 세로 사십 센티, 높이 사십 센티도 안 될 정도라 문갑에 달린 서랍들은 폭도 깊이도 좁고 낮아서 그 속에 보관할 수 있는 것은 윷짝이나 화투갑 정도로 극히 제한적이다. 서랍 밑에 여닫이문이 달린 곳이 조금 더 크고 넓긴 하지만, 거기도 바느질 상자나 가정용 상비약품 같은 작은 것들밖에 들어가질 않는다. 양쪽에 붙여 놓인 사방탁자 또한 그리 실용적이질 않은 게 크기도 비슷한 데다 아래쪽은 문갑과 같은 모양에 위쪽은 사방이 다 트인 사각형의 공간이라 알맞춤한 도자기나 예쁜 인형 같은 장식용품이나 놓을 정도다.

그럼에도 불구하고 저 깊고 푸른 바닷속 인어의 꿈을 머금은 듯 무지개처럼 영롱하게 빛나는 천연의 빛과 어딘가 내가 가고 싶어 하는 이상향을 재현해 놓은 듯한 자개로 만든 조각 그림이 볼수록 좋아서 한참씩 들여다보곤 했다. 결코 사람의 손으로는 만들어 낼 수 없을 것 같은 그 오묘한 빛깔은 나를 현혹시키곤 해서 마음이 심란하거나 일상이 무료해지는 날이면 자개 문갑 앞에 앉아 그림 속의 나라로 침잠해 들어간다.

자개는 전복 껍질을 얇게 갈고 오려서 만든다는데, 바다에서 나는 조개 종류가 그러하듯 시장에서 사다가 알맹이는 먹고 버려지는 잿빛의 색깔에 모양도 그다지 예쁘지 않은, 그 하찮은 전복 껍질이 가진 빛깔을 갈고 닦아 그 본래의 빛보다 더욱 아름다운 빛깔을 찾아내 준 자개 장인의 노력과 능력에 감탄이 절로 나오곤 한다.

손으로 잡기조차 어렵도록 실낱같이 가늘게 쪼개지고 갈려져서 풀밭을 그리고 수양버들을 만들려면 얼마나 많은 손길이 오고 갔을까! 한낱 껍데기에 불과했을 전복 껍질, 그가 품은 것들을 물 위에 노니는 한 쌍의 원앙새로, 우거진 수풀 속의 사슴으로, 산기슭 이야기를 품은 기와집으로 재현해 낸 자개 장인에게 찬사를 보낸다.

모든 것들이 기계화되어 가고 재화가 삶의 척도가 되는 세상에서 한 조각 한 조각 정성껏 자개로 그림을 만들었던 이름 모를 장인의 수고로움이 새삼 귀하고 소중하게 느껴진다. 쪼개지고 갈려지지 않았다면 한낱 껍데기로 버려졌을 전복 껍질, 그가 가진 빛깔을 갈고 닦아 그의 최상의 빛을 찾아 준 자개 장인처럼 내 아이들이 가진 어떤 것들을 갈고닦아 빛나게 해 주고 싶었던 젊은 시절이 있었는데…….

처음으로 내 집을 장만했던 그 시절, 불과 삼사십 년 전만 하더라도 가구점에 가면 흔하게 볼 수 있었던 자개를 붙여 만든 장이나 가구들은 이제 시중에서 쉽게 볼 수 없는 것들이 되어 버렸다. 시대에 따라 유행에 따라 사라져 가는 것들이 된 것이다. 모든 것이 기계화되어 가는 지금 시대에 한 땀 한 땀 온전히 사람의 손길로 만들어야 되는 수제품은 이제는 찾기도 어렵고 있더라도 상당히 비싼 물건이 되어 여간해선 사기도 어렵다.

　나의 가난한 지갑을 털어서라도 정말 갖고 싶었던 물건 중 하나였던 자개 문갑, 이제는 낡고 오래됐지만 자개의 빛은 영롱하고 예스러움은 여전하다. 그 본래의 기능대로 문갑 위엔 그동안 모아 온 몇 개 안 되는 작은 수석이 가지런히 놓여 있고, 사방탁자엔 순백의 풍만한 미를 뽐내는 달항아리와 이사 기념으로 친구가 보내온 화려한 중국 도자기가 놓여 있어서 아직껏 문갑의 본분을 다하고 있다.

　전문적인 지식도 없거니와 어딘가로 문갑을 수리하러 보낼 능력이 없는 내가 커피 가루와 검정색 물감을 버무려 흠집을 감춘 문갑은 다락방에 잘 모셔 놓고 때때로 한 번씩 올라가 들여다본다. 상처 난 부분이 안타까워서 부드러운 천으로 어루만지듯 세수를 해 주며 말 없는 대화를 나누기도 한다.

　지나간 세월 속 애환을 함께했던 내가 좋아하는 이 자개 문갑도 언젠가 나와 함께 사라져 갈 것을 생각하면 더욱 애틋해진다.

분갈이

  한참 실랑이를 해 가며 뽑아낸 꽃나무는 서리서리 얽어진 하얀 뿌리가 화분 모양이 되어 있다. 더 이상 뿌리를 뻗을 수도 없을 정도이니 숨쉬기조차 쉽지 않았을 것 같아 절로 미안한 마음이 들었다. 두어 달 전부터 어쩐지 색이 조금씩 퇴색되어 가고 마른 잎이 자주 생기더니 이렇게 공간이 좁아 살기가 힘들었던가 보다. 이 화분에 이 꽃을 심어 준 지가 삼 년이 넘어 가는데 몸피가 커진 걸 생각해서 공간도 벌써 넓혀 줬어야 했었는데 조금 늦었다.
  나이가 들어 갈수록 식물이 좋아져서 하나둘 화분을 들이기 시작한 게 얼추 백여 분이 넘는다. 거실 한쪽에 늘어선 고무나무, 돈나무, 테이블야자 같은 따뜻한 나라에서 온 실내식물부터 라벤더, 로즈마리, 율마 같은 허브 종류와 다육식물, 꽃을 보기 위한 제라늄, 베고니아, 꽃기린 등 꽤 여러 종류의 식물이 그다지 크지 않은 나의 온실에서 살아가고 있다.

 젊은 날에는 집에 개·고양이를 항상 키우고 살았었다. 그만큼 동물을 좋아하는 편인데 어느 핸가 가족들과 5박 6일의 외국 여행을 하고 돌아왔더니 혼자 두고 간 개가 죽어 있었다. 별다른 병이 없이 건강 상태도 양호했는데 충분하게 주고 간 물과 사료를 하나도 먹지 않은 걸 보면 식구들이 없었던 게 원인이었던 같았다. 아주 영리하고 예뻐서 이름도 예삐라고 부를 만큼 가족들의 사랑을 한 몸에 받고 있었는데 그렇게 가 버려서 얼마나 마음이 아팠는지 모른다.

 그 일이 있은 후로 동물은 들이지 않고 식물로 반려를 삼고 있는데 식물 키우기도 만만치가 않다. 잘 심고 물만 주면 되는 게 아니라 식물의 기호에 따라 햇빛의 양을 고려해 자리 배치를 해야 하고, 식물의 종류에 따라 물을 주는 주기와 양을 맞춰 줘야 된다. 햇빛을 많이 받아야 되는 식물이 햇빛이 부족하면 키만 멀쑥하게 허약해지고, 음지를 좋아하는 식물이 하루 종일 양지에 있으면 오히려 잘 자라질 못하기 때문이다.

 적당히 시기를 봐 가며 때맞춰 영양분 공급은 물론이요 온실 안에서 키우는데도 어떻게 침입을 하는 건지, 균이나 해충이 발생하지는 않았는지 잘 살피지 않으면 며칠 사이 잎이 노랗게 오그라지거나 떨어지기도 한다.

거기에 한 가지 더 내가 가장 신경 쓰는 게 식물과 식물 사이의 공간을 만들어 주는 것이다. 자연스럽게 옆으로 뻗어나는 가지나 잎이 서로 닿지 않도록 사이를 띄어 주고 햇빛을 쐬는 데 방해받지 않게 신경을 쓴다. 물론 이렇게 하는 것이 식물의 물리적인 성장에 도움이 되게 하는 것이기도 하지만, 그보다도 모든 살아 있는 것들은 제각기 자기만의 공간이 필요하다는 나대로의 개념이 있기 때문이다.

이 세상에 존재하는 모든 것에는 공간이 필요하다. 살아 있는 생물은 말할 것도 없고 생명이 없는 무생물일지라도 공간은 차지한다. 어쩌면 공간에 대한 욕망은 원초적인 것도 같다. 인간이건 짐승이건 식물조차도 자신이 살아가기 위해선 자기만의 최소한의 공간을 확보해야만 삶을 이어 갈 수 있을 것이기 때문이다. 그러기에 죄를 진 자에게 주는 형벌이 공간을 마음대로 활보할 수 있는 자유를 뺏는 걸로 진화하게 되지 않았을까 싶다.

인류의 역사 이래 인간들 사이에서 벌어지는 전쟁이라는 것도 대개는 땅이라는 공간을 확보하기 위한 쟁탈전으로 봐야 하지 않을까? 공간에 대한 욕망은 식물의 세계나 동물의 세계에서도 대단하지만 인간이야말로 그 선봉에 있어서 끊임없는 다툼과 동종끼리의 살육의 원인이 되기도 한다. 그것이 사회를 이루고 사는 집단이 될수록 더욱 치열해져서 수많은 생명을 내던져 가며 공간을 차지하려는 욕망이 거세어지는 걸 지금도 세계 도처에서 볼 수 있다.

공간은 누구에게도 그냥 주어지지 않는다. 공간은 그것을 획득할 수 있는 능력도 중요하지만 주어진 공간을 유용하게 쓸 수 있고 지킬 수 있는 능력이 필요하다. 아무리 넓고 좋은 공간도 의미 있게 쓰이지 않는다면 한낱 텅 빈 허공과 다를 게 없을 것이다.

나에게도 지각이 생기기 시작하는 어린 시절부터 공간에 대한 욕망이 있었다.

학교에서는 교실의 나무 책상 위에 자를 대고 금을 그어 짝꿍의 책과 학용품이 그 선을 넘는 걸 막았고, 동화책에서 소설책으로 독서를 이어 갈수록 책상 하나쯤 놓을 수 있는 나만의 공간에 대한 욕망에서, 당구대를 놓을 수 있을 만큼 넓은 거실과 삼면을 책장으로 채운 서재와 여러 개의 방으로 이루어진 공간에 대한 욕망으로 커져만 갔다. 그리고 그 욕망을 이루기 위한 끊임없는 투쟁으로 나의 세월은 흘러갔다.

그러나 시간이 주는 지혜는 나에게 알려 주었다. 몸에 맞지 않은 옷이 거추장스러운 것처럼 나의 능력에 맞지 않은 공간

또한 자꾸만 흘러내리는 옷처럼 부담스러운 것이라고, 삶을 이어 가기 위해선 불가분 나만의 공간은 필요하지만 필요 이상의 공간은 짐이 될 뿐이라고,

  그렇다고 공간에 대한 나의 욕망이 사라진 건 아니다. 참으로 인간다운 삶을 영위하기 위해선 타인의 눈에까지 보이는 물리적 공간보다 누구에게도 보이지 않는 마음의 공간이 더 필요하다는 것을 알게 된 것이다. 이제 내게 남아 있는 날들은 물리적인 것이 아닌 정신적인 많은 것을 받아들이고 포용할 수 있는 마음의 공간을 넓히기 위한 시간들이 될 것 같다.

사랑에 빠지기

초록빛 제라늄 잎에 누런 점들이 생겼다. 꽃이 피려고 맺혀 가던 꽃망울도 말라서 떨어진다. 풍성하게 잘 자라던 화분도, 지난봄에 꺾꽂이해서 이제 자리를 잡아 가던 화분도, 다 그런 걸 보니 아무래도 내가 녀석들에게 무언가 잘못한 것이 있나 보다. 같이 살고 있는 칼랑코에, 로즈마리, 라벤더, 영산홍 등 다른 종류의 화분은 괜찮은데 왜 제라늄들만 그런지?

식물에 대한 책자를 들여다보고 유튜브에 나오는 식물 관련 영상들을 찾아봐도 딱히 '이유가 이거다' 하는 게 없다. 아는 게 없으니 대책도 없다. 배부르게 먹이고 따뜻하게 입히고 안락하게 재우는 게 어미로서의 도리와 본분을 다하는 것으로 아는 초보 엄마처럼 식물에 대한 지식이 부족한 나는 그저 아침저녁으로 근심스레 변화를 관찰하며 제라늄들이 원기를 되찾기만 빌 뿐이다.

갈증 난 사람이 물을 마시고 싶듯 짝사랑에 빠진 소녀가 자꾸만 보고 싶은 사람이 있는 그곳을 기웃거리듯 일구월심 마음이 꽃에 가 있다. 보고 싶고 또 보고 싶고 어떻게든 곁에 두고 싶은 그 느낌, 먼발치에서라도 그 모습이 보고 싶어 주변을 맴돌며 애타하던 첫사랑에 대한 그리움조차 마모되어 버린 나의 감성의 뜨락에 밤사이 소리 없이 맺힌 이슬비에 반짝이며 일어서는 새봄의 싹처럼 내 안에 숨어 있던 사랑의 싹이 터 오르나 보다.

뉴기니에 사는 바우어 새는 사랑을 이루기 위하여 오랫동안 집을 짓고 여러 가지 색색의 물건을 물어다 집을 아름답게 꾸미기 위해 노력을 한다지만, 나는 누구 보여 줄 사람도 없는데 온실을 만들고 화초를 사들이고 예쁜 꽃을 피우기 위해 정성을 들인다.

천성이 어떤 것에 잘 매료되지도 않지만, 나이를 먹어 가며 그나마 애착을 갖고 좋아하던 것들도 시들해져 가는 걸 스스로 느끼며 마음 한쪽이 허전해지곤 했었다.

그렇게 갖고 싶어 하던 화사한 옷과 반짝이는 장신구를 봐도 별로 갖고 싶은 마음이 없고, 주기적으로 계획을 세워 나가 다니던 여행도 그다지 내키지 않는다. 스스로 취미가 독서라고 여길 만큼 열심히 읽던 책 읽기도 시들해지고 모든 것에 무덤덤해져서 세상만사가 다 그저 그랬다. 사람의 한생이 한 장의 도화지 같은 것이라면 그 위에 그림이든 글씨든 무수히 많이 그려져서 이제는 새로운 뭔가를 그릴 여백조차 남질 않은 것처럼 감성이 사라진 것이다.

하지만 아무도 무기력해져 가는 내게 관심을 갖고 손을 내밀어 주는 사람은 없었다. 따로 사는 자식들은 자신들의 생활을 하느라 여념이 없고, 같이 사는 남의 편이라는 사람은 나이를 먹어도 먹어도 꺼질 줄 모르는 호기심과 활동성으로 전국을 동서로 활보하며 제멋에 사느라 마누라는 먼 나라의 이방인으로 생각한다. 그러니 어쩌랴, 스스로 나를 일으켜 세우는 수밖에.

오지랖이 좁은 탓에 누구에게 먼저 말 붙이기도 어려워하고 살갑게 다가서지도 못하는 성격이 하루아침에 고쳐질 수도 없는 일, 그것이 장기간 이어지는 코로나 사태 속에 매일 나가던 당구클럽도 문을 닫고 사람들과의 왕래를 못 하게 되면서 이대로는 안 되겠다 싶었다. 우울증에 걸리는 것이 남의 일이 아닌 것 같아 혼자 할 수 있으면서 내가 좋아하는 것을 찾다 보니 거동이 불편하지만 앉는다면 죽는 날까지 할 수 있는 게 식물 가꾸기라고 판단을 했다.

다행인 것이 오래전부터 텃밭 가꾸기나 베란다에서 화분 손질하기는 했던 터라 꽃나무에 관심이 아주 없진 않았다. 이웃 사촌쯤으로 여기던 대상을 이제 가족으로 끌어들여 같이 희로애락을 나눠도 나쁘지 않을 것 같아 지난가을 집을 신축하면서 사계절 화초를 가꿀 수 있는 온실까지 짓기로 했다. 그렇게 마음을 먹으니 몸이 절로 움직여졌다.

 이사 후 짐 정리가 끝나고 겨울이 물러가기도 전부터 꽃들을 불러 모았다. 봄 내내 꽃집 앞을 그냥 지나치지 못하고 인근의 장날을 알아내서 장터마다 열리는 꽃시장은 다 가 보지 않곤 못 배긴 덕분에 모아들인 화초가 제법 돼서 그것들을 볼 때마다 마음이 흐뭇하다. 연분홍·노랑·빨강·하얀 갖가지 색깔이 주는 느낌과 저마다 다른 꽃 모양의 매력에 마치 소멸 시효가 다 되어 가는 법규처럼 효력을 잃어 가던 사랑의 감각이 되살아나는 것 같다.

 지나간 날들, 나는 이기적이게도 사랑에 빠지되 가슴을 앓아야 하는 짝사랑은 싫었다.
 누군가에게로 향하는 내 마음이 사랑이라고 느꼈더라도 상대가 보내는 나에 대한 관심과 애정이 미흡하거나 주변의 조건이나 환경에 난관이 있다고 느끼는 순간, 나는 그 사랑을 포기해 버리곤 했다. 내가 원할 때 다가와 주지 않는 사랑, 내가 필요할 때 내 곁에 있어 주지 않는 사랑에 나는 절망하고 슬퍼했다. 때로는 그 사랑이 신기루처럼 다가왔다가 사라져 버릴 허망한 것일까 봐 주저하고 다가가기를 꺼리기도 했다. 늘 내가 먼저 주기보다는 받기를 바랐었던 것 같다. 사랑만이 아니고 우정 또한 그런 식이었으니 내게 벗이 많지 않음이 당연하다는 것을 스스로 깨닫는다.

사랑과 종교는 맹목적이어야 한다는 누군가의 말을 되뇌지 않더라도 살아오는 동안 나에게는 불을 사랑해서 불에 뛰어드는 불나비 같은 열정과 용기도 없었지만 그것을 지키기 위한 희생과 노력이 없었다는 걸 자인하며, 내가 배반하지 않는 한 내 곁을 떠나지 않을 새로운 사랑에 빠지고 싶다. 비록 나와 동류인 인간이 아닌 식물이면 어떠랴, 나의 애정과 관심을 쏟을 수 있다면.

어쩌다 보니 이 지구별에 내가 온 지도 반세기가 훨씬 넘었다. 어떤 것에도 치열하게 빠져들지 못했으며 아주 평범하면서 특별한 신념도 열정도 없이 살아온 나는 조국을 위해서나 세상을 위하는 거창하고 성스러운 사랑 같은 것은 언감생심 꿈도 꾸지 못했다. 아마 앞으로도 그럴 것이다.

그저 이제 내가 바라고 원하는 사랑은 인간은 물론이요 식물이건 동물이건 살아 있는 모든 것들과의 공생공존을 지향하는 순진무구한 사랑이다. 언제가 될는지 모르지만 다른 별로 떠날 때까지의 남은 황혼의 삶에 화초를 향한 나의 사랑이 지속되었으면 한다. 그리되려면 식물을 알기 위한 공부와 꽃을 향한 지극한 정성과 마음을 잃지 않아야 하리라.

운명하시는 순간까지도 자신이 키우던 매화에 대한 관심을 놓지 않았다는 저 유명한 퇴계 선생의 매화꽃에 대한 지고지순한 사랑은 들어 알고 있지만 그런 경지까지는 감히 생각도 못한다. 어쩌면 범인에 불과한 나의 꽃을 향한 사랑에 시한이 있을 수 있으며 열정 또한 식을 수도 있을 터이지만 나의 마지막 사랑에 최선을 다하고 싶다.

말씨, 솜씨, 맘씨

며칠째 미루던 미숫가루 만들기에 나섰다. 검은콩과 현미, 보리를 가루로 빻아 와야 된다.

걸어서 십 분도 안 걸리는 방앗간까지 가는 게 여간 내키지가 않는다. 몇 년째 아침 식사를 미숫가루로 대신하는 터라 벌써 여러 번 그 집을 다녔는데도 정이 안 든다. 이 동네에 미숫가루 만드는 방앗간이 그곳뿐이라 안 갈 수는 없고, 할 수 없이 갈무리했던 콩을 고르고 자루에 있는 현미를 적당히 집에 있는 저울에 계량을 해서 들고 나섰다.

방앗간에서 파는 겉보리를 더 사서 맡기고 방앗간 주인이 오라는 시간에 맞춰서 가루를 찾으러 갔다. 그사이 방앗삯이 또 올랐는지 지난번보다 더 비싸니, 이러다 곡식값보다 방앗삯이 더 들겠다 싶다.

"지난번보다 방앗삯이 올랐나요?" 돈을 내며 묻는 내 말에는 답이 없이 콩이 별로 좋지 않단다. 잘 골라 왔는데 왜 좋지 않다는 거지? 그냥 나오려다 주인에게 물었다. "뭐가 나쁜데요?" 묵은 콩이어서 안 좋단 얘기란다.

벌써 여러 차례 그 집에서 미숫가루를 만들어 왔는데, 사람이 들어가도 '어서 오라'는 인사말도 잘 안 하는 무뚝뚝한 사람이 그때마다 내가 가져가는 곡식에 대해서 트집 잡는 말은 한다. 빻아 놓은 미숫가루에 대해 불평을 한다거나 시비를 건 적도 없는데 왜 그러는지 이해가 안 간다. 설혹 햇콩이 아니고 묵은 콩이라서 맛이 덜하더라도 그것은 가져가는 사람이 알고 있으니 신경 쓸 필요가 없을 텐데······.

정작 해야 되는 인사말은 아니하고 하지 않아도 되는 타박은 하니 주인 양반 말솜씨가 이해가 안 되기도 하거니와 인근에서 한 곳밖에 없는 독과점이라 배짱 장사를 하는 것 같아 갈 때마다 기분이 좋지 않다.

그래서 그런지 그 방앗간을 갔다 올 때마다 새삼 '말 한마디에 천 냥 빚도 갚는다.', '아 다르고 어 다르다.', '말 많은 집은 장맛도 쓰다.' 같은 말에 대한 속담이 마음에 다가온다. 말씨에 대한 속담이 많은 걸 보면 예로부터 우리 민족은 말씨에 대해 민감했던 것 같다. 친구 사이에도 어떤 말을 하는 데 동감해 주기보다는 다 그렇다는 둥 그렇게 말하는 네가 문제가 있는 거 아니냐는 투로 대꾸를 한다면 그 친구와는 속 깊은 이야기는 안 하게 된다.

　사람과 사람 사이를 가깝거나 멀게 만드는 것에 말씨도 있지만 맘씨가 더 중요하다. 맘씨란 마음을 쓰는 방법이나 상태라고 한다면, 어떤 사람에 대해 마음씨가 좋다 나쁘다는 한 번에 단정해서 말할 수는 없는 것 같다.
　맘씨라는 것도 그 사람이 지향하는 바에 따라 달라지는 것 같기 때문이다. 장소와 상황에 따라 달라지기도 하고, 이 친구에게는 후덕하고 예의 바르던 사람이 저 친구에게는 야박하고 예의 없이 대하는가 하면, 밖에 나가서는 아주 맘씨 좋고 친절하기로 소문난 사람이 집에 돌아오면 가정에서는 폭군으로 변신하기도 한다.
　마음이란 사람이 본래부터 지닌 성격이나 품성이기도 하지만 사전적인 풀이에 사람이 다른 사람이나 사물에 대하여 감정이나 의지 생각 따위를 느끼거나 일으키는 작용이라니, 자신의 감정 상태나 상황에 따라 각각의 다른 사람을 대할 때 나타나는 마음 씀이 다를 수도 있겠다는 생각이 들기는 한다. 하지만 진정으로 좋은 맘씨를 가진 이라면 언제나 누구에게나 한결같이 부드럽고 좋게 대할 것 같다.

솜씨는 일을 처리하는 수단이나 수완, 손을 놀려 무엇을 만들거나 어떤 일을 하는 재주라고 한다. 어떤 일을 처리하는 수단이나 수완이 능력 있는 남자의 잣대이자 조건이 된다면, 음식은 물론이요 옷이며 생활에 필요한 것들을 직접 만들어 쓰던 옛 시절에는 손을 놀려 무엇을 만드는 솜씨가 여인에게 꼭 필요했었다. 사람의 겉모습을 판단하는 맵시보다도 바느질이나 음식 솜씨가 없으면 놀림거리이자 흉이 되기도 했었다.

돈만 있으면 다 해결되는 요즘과 달리 생활에 필요한 모든 것을 손수 만들어 써야 했던 몇십 년 전만 해도 솜씨가 좋은 사람이 환영받았다. 특히 여자는 옷을 만드는 바느질과 음식을 만드는 요리 솜씨가 좋지 않으면 시집가서 흉거리가 될 수 있으니 일찍부터 바느질과 요리를 배우고 익히는 것이 상례였다.

내가 어렸을 때만 해도 벽에 거는 옷을 덮는 횃댓보며 베갯모 등 시집갈 때 가져갈 혼수품에 직접 수를 놓거나 바느질을 하는 것이 처녀들의 일상이었다. 언니가 없어서 뒷집 언니를 좋아했던 내가 뒷집에 놀러 가면 동네 언니들이 모여서 동그란 수틀에 수를 놓으면서 얘기하는 모습을 보곤 했었다. 그 시절 바느질과 음식 솜씨는 결혼하기 전 처녀가 갖춰야 할 필수 조건이었고 그만큼 바느질과 음식에 솜씨가 있으면 칭찬을 받고 부러움의 대상이 될 수 있었다.

하지만 이 시대는 솜씨가 있든 없든 상관이 없다. 예뻐야 돼, 무조건 예쁜 게 최고다, 라는 말이 회자될 정도로 솜씨보다는 겉으로 보이는 모습으로 사람을 판단하고 중시한다. 그저 돈만 있으면 어떤 것도 사서 해결할 수 있게 됐으니 말이다. 어쩌면 개인의 솜씨가 별로 중요하지 않게 된 기계화와 물질만능주의가 이 시대 사람들의 외모지상주의를 부추기는 요인이 되기도 한 것 같아 씁쓸하다.

예로부터 사람의 팔자를 논하는 말들 중 사주 관상이 좋다 해도 심상 좋은 것만은 못하다는 말이 있는데, 세상을 살아 보고 사람을 사귀어 볼수록 말씨·솜씨·맵시가 좋다 해도 좋은 맘씨를 가진 사람만은 못한 것 같다. 뭐니 뭐니 해도 맘씨가 좋아야 최고다. 솜씨는 남의 손을 빌릴 수 있고 말씨는 상황에 따라 달라질 수 있고 맵시는 나이가 먹으면 흐트러질 수 있지만 어떤 걸로도 대신할 수 없는 게 맘씨이니 말이다.

그나저나 맵시 있는 몸매에 음식 솜씨 기차고 말씨까지 상냥한 맘씨 좋은 사람 어디 없을까?

영화에 대한 소견

　나는 티브이 드라마나 영화 보기를 별로 즐겨하지 않는다. 그보다는 책 읽기를 즐겨한다.
　아마도 그 이유가 갓난아기에게도 핸드폰 영상을 보게 하는 온갖 영상 매체가 난무하는 지금과 달리 내가 태어나서 가장 최초로 만났던 볼거리가 책이었기 때문이 아닐까 하는 생각을 한다.
　나의 영화 보기는 국민학교 시절 학교에서 단체로 교육적인 영화를 관람하면서 시작됐었다. 학교에서 단체로 보게 하는 영화는 주로 이순신 장군, 유관순 열사 등 역사 속 인물이나 나라를 위해 희생을 한 애국자들의 일생과 업적을 기린 교육적인 작품들이었다.
　일 년에 한두 차례 수업 시간을 빼서 선생님의 인솔로 반 친구들과 줄지어 걸어서 보러 가는 영화 관람은 평소엔 그림의

떡처럼 보고만 지나쳐 가던 극장에 들어가 본다는 이유만으로도 설레고 즐거운 일이었다. 텔레비전이 보급되기 전 별다른 영상 매체가 없던 시절이라 어쩌다 두 시간 가까이 영화에 몰입해 있다 영화가 끝나고 극장 밖으로 나서면 한참 꿈을 꾸다 깬 것 같기도 하고, 갑자기 살던 곳과 전혀 다른 세상으로 튀어나온 듯한 생경함을 느끼곤 했었다.

돌아가신 나의 어머니는 취미가 영화 감상이었는지 직장 생활과 살림을 혼자 도맡아서 하는 바쁜 시간을 틈내서 ㅁ시의 개봉관에 들어오는 영화는 빼놓지 않고 보러 가시곤 했지만 자식들을 데려가는 경우는 없었다.

낭만과 여유가 없는 십 대 시절을 보낸 탓도 있겠지만 청소년 시절 나는 취미이자 즐거움이자 모든 것이었던 책에 빠져 지내느라 영화를 볼 기회도, 보고자 하는 욕망도 별로 없었던 것 같다.

사실 지금도 나는 영화 감상을 그다지 좋아하지 않는다. 온갖 살상 무기를 동원해 핏빛이 난무하는 전쟁 영화도 싫고, 악한과 폭력이 판을 치는 액션 영화도 싫고, 권모술수와 음해로 얼룩진 정치 영화도 싫고, 배신과 이별 눈물로 버무려진 애정 영화도 싫다. 보는 내내 마음을 아프게 하거나 고통스럽게 하는 영화는 볼 수 있는 기회가 있어도 가급적 기피하고 보지 않으려고 한다.

조금 쑥스럽지만 뮤지컬 영화나 아이들이 좋아하는 만화 영화는 잘 보는 편이라 우리 가족들은 나와 같이 영화 감상을 하려면 뮤지컬 영화 아니면 디즈니나 미야자끼 하야오의 애니메이션 영화를 찾는다.

내가 본 영화 중 기억에 많이 남아 있는 건 《사운드 오브 뮤직》, 《로마의 휴일》, 《닥터 지바고》, 《아마데우스》와 화려하게 차려입은 남녀가 왈츠의 선율에 맞춰 원을 그리며 군무를 추던 요한 슈트라우스를 주인공으로 다뤘던 음악 영화 정도이고, 애니메이션은 《이웃집 토토로》, 《움직이는 하울의 성》, 《신데렐라》, 《빨간머리 앤》, 《쿵푸팬더》 등이다.

그런 내가 요즘 텔레비전으로 《방구석 일 열》이라는 영화에 대한 프로그램을 가끔 보고 있다. 주로 영화감독이나 배우, 시나리오, 작가 등 영화 제작에 관련된 이들이 나와 영화에 대한 이야기를 토크 형식으로 나눈다. 영화를 찍으면서 있었던 뒷이야기 등 여러 가지 에피소드를 듣는 것도 재미있지만, 별스럽지 않게 지나쳐 버린 어떤 장면에 대해 감독이 표현하려고 했던 메시지나 의미를 직접 설명해 줘서 그 영화에 대한 이해도를 높여 준다.

학문적으로나 이론적으로가 아닌, 흥미롭고 재미있는데 저절로 공부가 되어 기껏해야 영화의 스토리 전개와 출연 배우의 연기의 질 정도에 머물러 있던 나의 영화에 대한 수준을 한 단계 끌어올려 주는 유익함을 준다. 아울러 우리가 가진 영화문화가 세계적으로 수준이 높다는 것도 알게 됐다.

그런데 얼마 전 가족들과 대전 시내에 나갔다가 우연히 《말모이》라는 영화를 보게 되었다.

'말모이'는 사전을 우리말로 다듬은 단어인데, 일본제국의 침략으로 조선인들의 성과 이름까지 빼앗으려는 악랄한 일제의 만행에 맞서 말살되려는 우리말·우리글을 지키기 위해 목숨을 걸고 힘을 쏟았던 우리 선조들의 고난을 그린 영화이다.

일찍이 우리말과 우리글에 대한 소중함을 알고 어떻게든 지키려고 했던 국어학자들의 이야기를 단편적이나마 책을 통해 알고 있었지만, 영상으로 만나는 그들의 노력과 고초는 생생하게 가슴에 와닿았다. 더구나 건달에다 일자무식이었던 주인공이 한글을 배우고 우리말과 우리글의 소중함을 깨달아 가는 과정이 너무나 감동적이었다.

나라가 어찌 돌아가든지 애국심이 무언지 알 바 없이 살던 무지한 서민이, 당장 자식들의 끼니 걱정에 눈앞에 있는 물질적인 이익에나 골몰하던 가난한 가장이 조선인으로서 우리말과 우리글을 지키기 위해 목숨을 바치는 스토리가 자연스럽게 전개되는 영화다. 배우들의 연기도 좋았지만 그 시대에 있었던 사건을 소재로 만들어진 영화가 일제 강점기를 살아 보지 않은 나에게 일본이 우리 민족에게 저질렀던 만행을 조금이나마 느끼게 했다.

더구나 이 지구상에 존재하는 수없이 많은 민족이 가진 언어와 글자가 여러 가지 이유로 사라져 가고 있다니 우리말과 글을 지키기 위해 고군분투하셨던 분들에게 머리 숙여 존경과 감사함이 저절로 우러나왔다.

또한 우리 한글이 세계에서 가장 과학적이고 우수한 글이라는 건 진작 알고 있었지만 이 영화를 보고 우리말과 우리글에 대한 소중함과 자긍심이 배가되었다. 아울러 우리 민족이 가진 고유의 글자로 글을 쓴다는 소명감과 책임감까지 느껴졌다. 극장을 나서며 한글을 읽고 쓰고 우리말을 하는 사람이라면 누구라도 이 영화를 한 번쯤 보라고 권하고 싶어졌다.

솔직히 영화에 대해 문외한이라 영화를 좋아해서 배우들을 만나러 다니고 영화 촬영지를 찾아다니고 있는 이를 만나면 좀 별나다는 인식을 가지고 있었다. 그리고 문학 작품이 우리 삶에 미치는 영향만큼 영화가 주는 감명이 크지 않다는 견해를 가지고 있었다. 그런 나의 편견을 《말모이》라는 영화는 단번에 깨 주었고, 잘 만들어진 한 편의 영화가 우리에게 미치는 영향에 대하여 다시 생각해 보게 해 주었다. 역시 아는 만큼 보인다는 말은 영화 감상에도 적용될 수 있는 명언인 것 같다.

싸움의 정석

침입자가 생겼다. 거실에서 키우는 화초에 알 수 없는 적이 침입을 했다. 계절이 동절기라 문을 열어 놓은 적도 없고 연관이 될 만한 새로운 식물을 들여온 적도 없는데 어떻게 들어왔는지?

지난가을 지인이 사무실에서 키우던 것이라며 다 죽어 가는 화분을 가져왔다. 무슨 꽃나무인지 이름도 모른다는 나무는 내 손가락 굵기보다 가느다란 외줄기에 가냘프고 여리게 생긴 잎이 듬성듬성 붙어 있는데 그나마도 누렇게 말라 가고 있었다. 그렇거니 화분을 받아 햇볕이 드는 창 쪽 거실에 두고 영양제도 놓아 주고 간간이 물을 주어 가며 보살폈더니 조금씩 생기가 나기 시작했다.

그러던 것이, 봄이 시작되는 3월이 되면서 새잎이 돋아나며 키도 크고 제법 가지도 풍성해졌다. 대견하고 기쁜 마음으로 더욱 관심을 쏟고 있던 어느 날 물을 주며 잎을 살피는데 하얀 솜털 같은 게 줄기가 맞붙은 곳과 새로 돋아난 잎의 뒷면에 붙어 있다.

곰팡이 같기도 하고 무슨 벌레가 아닌가 싶어 손끝으로 떼어 내 보고 인터넷을 검색했다. 워낙 식물의 해충에 대한 지식이 없어서 정확하지는 않지만 솜깍지벌레라는 해충 같았다. 퇴치 방법은 일일이 손이나 면봉으로 닦아 내고 약품을 사다 뿌려야 된다고 쓰여 있다.

어쨌든 우선 날마다 줄기와 잎의 뒷면을 꼼꼼히 살피면서 옛 시절 엄마들이 어린 자식들 옷의 솔기를 뒤집으며 이를 잡던 것처럼 그것을 일일이 면봉으로 떼어 줬다. 하지만 괜찮아졌겠지 싶어 이삼 일 뒤에 보면 다시 하얀 솜털이 붙어 있고, 그렇게 몇 차례에 걸쳐 솜털벌레와 씨름을 해도 숫자는 줄었지만 박멸이 되지 않는다. 어찌하면 완전 퇴치를 할 수 있을까 궁리를 하다 문득 집에 해충기피제가 있는 게 생각났다. 좋은 방법이다. 이놈들 다 죽어 봐라. 즉시 해충기피제를 가져다 나무에 골고루 뿌려 줬다.

그런데 이게 웬일, 다음 날 아침에 보니 나무의 잎이 다 오그라든다. 급히 화장실로 옮겨 샤워를 시켰지만 사흘째가 되자 꽃나무의 잎은 모조리 말라 버렸다. 서로 백병전을 벌이는 싸움에서 적진 한복판에 던진다고 던진 폭탄에 아군까지 전멸시킨 셈이다. 더구나 우리 편이 충분히 이길 승산이 있었는데 성급하고 어리석은 선택을 한 것이다.

삼월이 되면서 십여 평 되는 화단에 나름대로 이것저것 꽃모종을 사다 심었다. 예년부터 있던 것들은 이제 막 싹을 틔우기 시작하는 것 같아 날마다 아침이면 유심히 살피는 중이다. 그런데 어느 날 보니 사철나무와 단풍나무 사이에 봉긋하게 흙무더기가 쌓여 있는 게 아닌가.

솜씨를 보니 동네에 어슬렁거리고 다니는 길고양이가 우리 화단에 화장실을 만든 것이다. 아무리 내 소유지만 화단인 데다 흙 위에 똥을 싸고 나름 예의를 차려 지저분하게 보이지 말라고 흙으로 덮어 놨으니 야단 칠 일은 아닌 것 같아 신경을 안 쓰기로 했다.

그런데 문제는 며칠 후에 일어났다. 나무들 사이 비교적 넓은 빈터가 여기저기 많은데 무슨 마음이 들었는지 하필이면 새로 심은 꽃모종 사이에다 똥을 싸기 시작했다. 작은 꽃모종 사이는 좁은 데다 고양이가 똥을 싸고 덮느라 땅을 파헤치면 모종의 여린 잎이 상할까 봐 애가 탄다.

말이 통하면 넓은 데로 가서 볼일을 봐 줬으면 좋겠다고 애기라도 하지만 언제 왔다 가는지 알 수도 없고 할 일 없이 지키고 있을 수도 없으니 난감하다. 생각 끝에 녀석이 변을 보는 장소에다 잎이 두텁고 모가 난 데다 끝이 뾰쪽한 호랑가시나무 잎을 가져다 뿌려 놓았다.

아무리 그놈이 재주가 있어도 좁은 공간에 거칠거칠한 호랑가시나무 잎이 있으니 변을 보기 불편하고 앞발로 흙을 모으기도 어려울 테니 화장실을 옮겨 가겠지 싶었다. 하루 이틀 사흘이 지나고 닷새가 넘도록 지켜봐도 꽃모종들 주변이 괜찮기에 그 녀석이 화장실을 옮겼나 싶어 '옳지, 내 방법이 통했구나!' 했다.

그런데 며칠 뒤 아침, 꽃모종의 상태를 살피다가 깜작 놀랐다. 이놈은 머리도 좋고 재주도 좋은가 보다. 호랑가시나무 잎을 한쪽으로 치우고 다시 봉긋하게 화장실을 만들어 놓은 것이다. 엊그제는 당당하게 화단으로 걸어 들어가는 녀석을 거실 유리창으로 보고 재빨리 뛰어나가 혼을 내 주려고 했더니 눈 깜작하는 사이에 사라져 버리더니 오늘 아침에 나가 보니 화단의 여기저기를 무슨 구덩이 모양으로 파헤쳐 놨다. 자신을 건드리면 가만히 있지 않겠다는 표시인가?

언제쯤 끝날 수 있을까?

어떻게 해야 녀석과의 관계를 끊을 수 있을까?

서로 물질이나 이해타산이 걸린 아전인수식 싸움이 아니라면 싸움에는 서로 의미와 목적이 다른 두 가지의 싸움이 있는 것 같다. 상대와의 관계를 유지하고자 하는 싸움과 관계를 끊어 버리고 싶은 싸움이다. 전자는 서로 사랑하는 사람이거나 혈육 관계일 경우가 대다수이고 이 경우는 후자에 속하는 일이다.

어떻게 하면 녀석과의 싸움을 끝낼 수 있을지? 생각해 보면 사람인 내가 한낱 미물에 불과한 녀석과 이렇게 머리싸움을 하고 있다는 것도 말이 안 된다. 나는 녀석의 고유한 생활 방식이나 습관을 나무라거나 방해할 마음은 추호도 없다. 내가 인간이라고 길고양이의 영역이나 권리를 침범할 생각도 전혀 없다. 그러니 녀석도 내 영역에 대한 존중과 나의 꽃을 키우는 권리를 인정해 주기를 원할 뿐이다.

평생 싸움이라고는 한집에 사는 남편과의 감정싸움밖에 해 본 적이 없는 데다 그나마도 연전연패를 하는 주제이니 싸움에 관해서는 자신이 없다. 몇십 년 나와 남편의 싸움을 지켜본 아이들의 말로는, 싸움에는 정석이 없는데 엄마는 무기가 오로지 검 하나뿐이고 아빠는 검·창·철퇴·화살 등 무기가 여럿인 데다 엄마는 늘 정정당당하게 정면 승부만 걸고 아빠는 필요하면 뒤통수를 치는 기습의 달인이니 언제나 질 수밖에 없다는 거다.

이렇게 싸움에는 젬병이라는 걸 스스로 알고 있으니 녀석과의 싸움이 빨리 끝날 수 있었으면 좋겠다. 녀석이 내가 하는 말을 알아들을 수 있다면 서로가 존중하고 살 수 있는 방안을 마련해서 화해나 휴전을 했으면 싶다. 필요하다면 녀석에게 쓰기 편한 화장실을 제공할 용의도 있으니 말이다.

화려한 사기

 마침내 새로 지은 집으로 이사를 했다.
 꽃 피는 봄 오월에 시작한 건축 공사가 눈이 펑펑 내리는 십이월이 돼서도 마무리가 안 됐다. 원래 계획대로라면 시월쯤 공사가 끝나고 춥기 전에 입주를 할 예정이었다. 엄청나게 큰 건축물도 아닌 불과 이십여 평의 작은 집이 설계 단계에서부터 설계사무소의 부주의로 삐걱거리더니 유례가 드물게 긴 장마 기간과 건축을 맡은 업자의 무성의한 공사 진행으로 어지간히 속을 썩었다.
 그래도 집 짓다가 업자와의 마찰로 병이 들어 입원까지 했다는 아들 친구 부친을 생각하면 그나마 다행이고, 더 추워지기 전에 입주를 할 수 있어서 다행이라고 스스로 위안을 했다.

 "아저씨, 부탁해요. 배수가 잘되게 구배를 잘 맞춰 주세요"

시작할 때부터 물이 잘 빠지게 신경 써서 해 달라는 내 말에 그는 걱정 말라고 큰소리를 쳤다. 바닥 미장이 끝나 가는데 밖에서 보는 내 눈에는 저 안쪽보다 배수구가 있는 근방이 오히려 약간 높아 보인다. 물이 잘 빠지겠냐고 다시 한번 확인을 하는 내게 자신이 미장일을 한 지 오십 년이 다 돼 가는 사람이라 척 보면 안단다.

미심쩍었지만 생업으로 날마다 미장일을 하는 전문가이니 믿어 보는 수밖에. 더구나 어디 어디에 있는 알 만한 건물의 이름을 대며 자신의 화려한 경력을 자랑하는 그에게 한마디 말도 더 할 수 없었다. 우리 집 건축을 맡은 공사업자가 보낸 그가 오늘 맡은 일은 온실 바닥 미장과 집 기초 부분 벽의 미장과 옆집과의 경계에 세워진 담벼락의 미장이다. 말하자면 이 집 건축의 마무리 작업이다.

건물 뒤쪽 남향받이에 다섯 평 정도의 온실을 짓는 일은 건축을 처음 설계할 때부터 계획된 일이었다. 그러나 여러 가지 사정상 본채의 준공검사가 떨어진 다음에 미리 타설해 놓은 콘크리트 위에 짓게 되었다. 지붕은 검은색 샌드위치패널로 하고 햇볕이 잘 들어오도록 삼면을 유리로 짜 맞추고 바닥은 시멘트로 미장을 하기로 했다.

일은 두 사람이 하는데 같이 온 또 한 사람도 보조 일을 하는 이가 아니고 미장 기술자인 모양이다. 각자 자신이 맡은 구역을 따로 하는데 일하는 스타일이 아주 다르다. 그 사람은 별로 말이 없이 자신의 일을 묵묵히 하고 있는데, 그는 끊임없이 말을 내뱉으면서 일을 했다.

오전에는 주로 자신이 어디 어디 건물을 시공했으며 내일도 모레도 일이 계속 밀려 있어서 하루도 쉴 수가 없다는 자랑 아닌 자랑 같은 소리를 하더니, 오후가 이울어 갈 때쯤부터는 오늘 배당받은 일이 하루분치가 넘는다는 불평을 쏟아 놓는다. 급기야는 보조 일을 할 사람이 더 필요한 분량인데 이 집을 짓는 건축업자가 속였다며 험담을 마구 해 댔다. 건축주인 내가 듣기에 괜히 민망하고 미안해서 가만히 보고만 있을 수가 없어 이리 뛰고 저리 뛰며 내가 도울 수 있는 일은 도왔다.

그리고 며칠 후, 온실에 화분을 들여놓기 전 수돗물을 틀어 바닥 청소를 하는데 전체적으로 구석진 곳의 물이 배수구 쪽으로 흐르지 않고 사방에 고여 있다. 그렇게 자신만만하게 말하더니 내가 우려했던 일이 현실이 되어 버렸다. 그럼에도 불구하고 해결책이 마땅치 않다.

우선 너무 춥다. 십이월도 막바지에 다다른지라 연일 영하 십몇 도를 오르내리는 강추위에 시멘트 미장일은 무리다. 더구나 이 추위에 화분들을 난달에 떨게 할 순 없는 데다 그렇잖아도 건축비가 예상보다 더 들어갔다고 징징대는 건축업자와 말을 하는 게 피곤해서다. 물론 계약서가 있으니 바닥 미장을 다시 해 달라고 요구할 수는 있겠지만, 지난 육 개월간 겪은 건축업자와의 힘겨운 입씨름 경험이 고이는 물은 쓸어 내가며 사는 쪽으로 가닥을 잡게 했다.

속설에 집 한 채 지으려면 3년은 늙는다더니 집을 짓는 동안 내가 계획하거나 원하던 것이 어그러지고 제대로 안돼서 화가 나고 속이 상하기가 여러 번이었다. 하지만 이번에는 어쩐지 그 미장 아저씨에게 사기를 당한 것 같은 기분이 들었다. 무슨 물질적인 큰 손해를 본 것은 아니지만 대단한 실력자라는 걸 내세웠던 그 사람의 실력을 믿었던 것에 대한 배신감이 느껴졌다. 도대체 건설 현장에서 만나는 사람들은 믿을 수가 없다는 생각에 한동안 화가 가라앉질 않았다.

세상살이를 하다 보면 이런 일이 더러 있다. 굉장히 큰일은 아니고 엄청나게 손해 보는 것은 아니지만 속은 것 같은, 그것이 굳이 물질적인 것이 아니라도 정신적으로 사기를 당한 것 같은, 하지만 그것을 어디에 호소하거나 딱히 드러내기도 그런 일이 가까운 관계에서도 간혹 일어나기도 한다.

그런 경우 피해를 준 그 당사자는 상대에게 자신이 피해를 줬다는 인지조차 못 하는 경우도 많은 것 같다. 고의적인 경우가 아니라도 교만한 성격 때문에 상대의 말을 제대로 경청하지 않거나 혹은 스스로 자신의 능력을 과신한 나머지 어떤 일이나 문제가 제대로 처리가 안 되거나 실수를 하는 걸 더러 보게 된다.

얼마간 시간이 흐르자, 그 아저씨가 일부러 그렇게 한 건 아니고 자신의 실력을 과신해서 더 섬세하게 살피지 않은 걸 꺼라는 이해 아닌 이해를 하기로 했다.

그리고 문득 나에게도 누군가에게 그런 느낌을 주는 경우는 없었는지? 본의 아니게 나를 과대평가하게 하는 말이나 내가 틀린 걸 모르고 맞다고 우기는, 나 자신도 의식하지 못하는 소소하지만 화려한 사기를 느끼게 하는 말이나 행동은 없었는지? 스스로에게 질문하게 됐다. 여기까지 묻고 나니, 어쩌면 그 미장 아저씨도 자신이 하는 미장질이 잘못되고 있다는 걸 몰랐을지도 모르겠다는 생각이 들었다.

그나저나 온실 바닥 청소를 하고 고이는 물을 배수구 쪽으로 쓸어 낼 때마다 그 아저씨가 생각날 것 같다.